LEO HELLER

BERLINER RAZZIEN

Reportagen aus der Unterwelt der 1920er-Jahre

Herausgegeben und mit einem Nachwort versehen von Bettina Müller

ELSENGOLD

Der Text dieses Buches entspricht der Rechtschreibung der Originaltexte. Lediglich offensichtliche Druckfehler wurden stillschweigend korrigiert.

Umschlaggestaltung: Goscha Nowak
unter Verwendung eines Fotos von akg-images
Satz: Andreas Felgner

ISBN 978-3-96201-078-2

Besuchen Sie uns im Internet: www.elsengold.de

Inhalt

BERLINER RAZZIEN

EINE RAZZIA MIT DER BERLINER KRIMINALPOLIZEI

Ich bedaure, die Illusionen, die sich der gute Familienvater und der abenteuerliche Jüngling von einer Razzia machen, ein wenig erschüttern zu müssen. Wenn man von einer Razzia spricht oder liest, dann verbindet man damit unbewußt die Vorstellung von verwegenen Verbrechern, todesmutigen Polizisten, Revolverschüssen, Verwundeten und Leichen. Ich müßte lügen, wenn ich behaupten wollte, daß ich bei der letzten Razzia, die ich als aufmerksamer Begleiter der Kriminalpolizei mitgemacht habe, Schüsse fallen gehört und Blut fließen gesehen hätte. Es gab nicht ein bißchen Pulver zu riechen und kein Tröpfchen Blut zu sehen. Es war eine sehr anständige Razzia. Und so geräuschlos und kampflos scheint es bei jeder Razzia zuzugehen, denn als ich meinen riesenhaften Begleiter, den Kriminalbeamten Stöhr, fragte, ob sich die Polizisten nicht mit Schußwaffen versähen, wenn sie Verbrecherschlupfwinkel aufsuchen, da meinte er kurz: „Is ja jarnich nötig. Det jeht alles glatt und wie geschmiert." Das war ein schöner Trost für mich, der ich an der Seite des Hünen einer der verrufensten Kaschemmen in der Danzigerstraße im Norden Berlins zustrebte. Kurze Zeit vorher hatte ich mich noch als werdenden Märtyer meines Berufes gefühlt. Mit diesem Gedanken an ein kommendes Märtyrertum war es nach den beruhigenden Versicherungen des Herrn Stöhr vorbei. Doch man kann nicht wissen: Was Hunderte von Malen „jlatt und wie jeschmiert!" gegangen ist, kann doch einmal weniger jlatt und minder jeschmiert gehen.

Jedenfalls war es noch früh am Morgen. Für Berlin sogar noch sehr früh, punkt 7 Uhr. Es war die Zeit, um die sich die Tore der Städtischen Asyle für Obdachlose öffnen, um die armen Teufel, die wieder in die kalte, feuchte Welt hinaus müssen, passieren zu lassen. Ich war zum 105. Polizeirevier in der Greifswalderstraße beordert worden, dem es obliegt, die Kneipen und Kaschemmen, die in der Nähe des Hauptasyls liegen, zu überwachen. Der Polizeileutnant hatte die Sorge um mein Wohl und Wehe dem Kriminalbeamten Stöhr anvertraut. So suchte ich denn mit der personifizierten „Angst“ aller Spitzbuben und Pennbrüder der Umgebung gleichen Schritt zu halten. Als ich mich mitten auf dem Wege umsah, bemerkte ich, daß hinter uns in gewissen Abständen Kriminalschutzleute einherschritten. Sie gingen unauffällig, einzeln oder zu zweit. Ein jeder trug einen Spazierstock.

Stöhr und ich bogen in die Danzigerstraße ein. Da huschten plötzlich aus der Türe eines nur einige Schritte von uns entfernten Lokals drei Männer auf die Straße und liefen spornstreichs und als ob ihnen der Teufel im Genicke säße, die Straße hinunter.

„Verdammte Kerle“, brummte Freund Stöhr, indem er sein ohnehin strammes Tempo noch beschleunigte, „sollten sie etwa schon Lunte gerochen haben?“

Und mit zwei Sätzen war er vor dem Eingang in das Lokal. „Große Restauration. Zu jeder Tag- und Nachtzeit warme Speisen. Billard.“ stand in weißer Schrift auf den trüben Scheiben der Schaufenster. Und als Besitzer des „Großen Restaurants“ zeichnete ein Herr Isaak. (Später habe ich erfahren, daß dieses Lokal das war, in dem den Gästen einst der vergiftete Methylalkohol als Likör kredenzt worden war.)

Während ich hinter meinem Schutz- und Schirmherrn die Schwelle des Wirtshauses überschritt, gewahrt ich noch, wie die uns folgenden Schutzleute – zehn an der Zahl – vor der Tür des Lokals Posto gefaßt hatten: vier Kriminaler in Zivil, vier uniformierte Sicherheitswächter und zwei Radfahrerpolizisten mit ihren Vehikeln.

Im Vorderraume des Isaakschen Etablissements herrschte bei unserem Erscheinen lautlose Stille. In dem geräumigen Zimmer, das durch das graue Frühlicht nur wenig erhellt wurde, saßen an schmutzigen Tischen, die des Tischtuches entbehrten, die Gäste. Es mochten über hundert Personen sein. Aller Augen waren starr nach uns gerichtet. Da gab es Blicke, in denen Furcht und Sorge lagen, Blicke, aus denen unsägliche Not und Entbehrung sprachen, aber auch Blicke, die voll Groll und Haß waren.

Freund Stöhr drängte sich an dem Büfett, hinter dem die Wirtin und ein Schankbursch standen, vorbei. Er schob die Leute, die ihm im Wege standen, einfach zur Seite und stürmte nach dem Hinterzimmer. Bot das Hauptlokal einen traurigen, fast unheimlichen Anblick, die Hinterräume boten Bilder unsagbaren Elends. Sie waren fast ganz dunkel. Von den feuchten Wänden hingen muffig riechende Tapetenfetzen herab. An den Decken hin kroch eine schwere Rauchwolke. Und auch hier drängten sich die Menschen. Einer dicht an dem andern. Auf den Tischen dampfte in großen Steingutschalen die gelbliche Flüssigkeit, die hier mit dem Ehrennamen „Kaffee" bezeichnet wird.

Stöhr sprang zur Tür, die nach dem Hofe führte. Mit Blitzesschnelligkeit hatte er den Schlüssel im Schloß umgedreht und abgezogen. „Alles hiergeblieben!", rief er mit Stentorstimme*. „Keiner darf hinaus!" Die Leute schienen an solche Überraschungen gewöhnt zu sein. Niemand mochte daran denken, sein Heil in der Flucht zu suchen. Doch ei-

* Laute und kräftige Stimme (nach dem stimmgewaltigen Stentor, einer griechischen Sagengestalt)

ner, ein junger Bursche. Der fuhr plötzlich empor, stieß zwei Schicksalsgenossen, die vor ihm standen, so kräftig vor die Brust, daß sie zur Seite taumelten, und sprang auf eine Tür zu, auf der die beiden ominösen Buchstaben P.P. zu lesen waren. Mit einem jähen Ruck hatte er sie geöffnet und mit einem ebenso jähen Ruck wieder hinter sich zugezogen.

„Na warte, Bürscheken", lachte Stöhr, „du kommst mir schon wieder!"

Inzwischen hatte der Exodus der Gäste des Vaters Isaak aus dem großen Restaurant auf die Straße begonnen. Die Wirtin sah stumpf zu, wie sich Stammgast auf Stammgast verlor, um draußen von den Polizisten in Empfang genommen und in Doppelreihen formiert zu werden. Eine riesenhafte Dogge, der Schutz der Frau Isaak, schlich mit gesenktem Kopf an den ausgefransten, löchrigen Beinkleidern der Ausgehobenen vorbei. Unter den Siestierten bemerkte ich mehrere Greise von siebzig, vielleicht auch von achtzig Jahren: zittrige, gebrochene Gestalten, die sich kaum mehr auf den Beinen zu halten vermochten. Es gab einige Männer, die sich nur schwer vom Büfett zu trennen vermochten. Der eine ließ sich vom Schankburschen noch rasch einige Zigaretten zustecken, der andere verlangte zu guter Letzt noch ein Glas Bier, ein dritter kaute an einer Brotkruste ... Stöhr hatte keinen Sinn für Idyllen. Er drängte zum Aufbruch.

Ich war vor die Tür und dicht neben einen der Schutzleute getreten.

„In die Reihe!", schnauzte mich der an.

„Was wollen Sie?", erlaubte ich mir einzuwenden.

„In die Reihe!"

„Aber, mein Bester, ich bin doch mit Herrn Stöhr da!"

Na, das kann ich nicht wissen."

Mir war eigen zu Mute. Der Hüter der öffentlichen Sicherheit hatte mich für einen Obdachlosen gehalten, vielleicht für etwas noch Schlimmeres. Der Bourgeois in mir fühlte sich tödlich beleidigt. Darüber machte mir mein zweites Ich Vorwürfe. Glücklicherweise hatte ich nicht lange Zeit, mich diesem Streite in meinem Innern länger zu widmen. Der Marschbefehl erschallte, und der lange Zug, der aus zweihundert Sistierten und ihrer Bedeckung bestand, setzte sich in Bewegung.

Ich schritt wieder neben dem „Schrecken" aller Pennbrüder und Strolche einher. Der befand sich in reger Unterhaltung mit einem kleinen, schielenden Manne, der wiederholt nachdrücklich versicherte, daß er „keen Verbrecher" wäre, daß man sich bestimmt hinsichtlich der Wertung seines Berufes getäuscht habe und daß ihm so etwas überhaupt noch nicht passiert wäre. An der Kreuzung der Danziger- und Greifswalderstraße offenbarte der „Schrecken" einen schönen, wahrhaft menschenfreundlichen Zug. Er tippte nämlich den vor ihm einherhumpelnden, ächzenden und stöhnenden Greisen auf die Schulter und bedeutete ihnen durch eine kurze Handbewegung, daß sie sich fortmachen sollten. Heidi und da lief's davon. Die alten schlottrigen Beine hatten mit einem Male ihre jugendliche Spannkraft und Gelenkigkeit zurückerhalten: die Alten, die noch vor einer Sekunde kaum zu gehen vermocht hatten, sprangen dahin wie losgelassene Füllen.

„Bravo, Herr Stöhr!", dachte ich.

Die zweihunderten Eingelieferten nahmen auf dem Hofe des 105. Polizeireviers Aufstellung. Der lange Polizeileutnant war aus seinem Bureau heruntergekommen, um die Leute zu mustern und ihrer Abfertigung beizuwohnen. „Wer eine feste Wohnung hat, und polizeilich gemeldet ist, vortreten!!"

Von dem Haufen der Zweihundert lösten sich fünf Männer los, die mit stolzer Miene vor den Polizeileutnant hintraten. Der revidierte ihre Papiere. Sie waren in Ordnung. „Entlassen!"

„Wer in den letzten fünf Tagen aus irgendeinem Gefängnis entlassen worden ist, vortreten!"

Traten fünfundzwanzig Mann aus den Reihen. Sie hielten dem Leutnant ihre Entlassungsscheine hin. Auch sie wurden entlassen. Blieben 170 ohne Obdach und Heimstätte übrig, 170 Ruhelose und Hungrige, 170, die nur dürftig ihre Blöße verdeckten.

Schutzleute brachten einen Tisch herein. Taschenvisitation. Die Leute mußten den Inhalt ihrer Taschen vor den Augen der Beamten ausleeren. Ein rascher Griff überzeugte den Polizisten, daß der Sistierte keinen Revolver bei sich trug. Außerdem an jeden die Frage: „Haben Sie einen Revolver oder ein Messer?" Eine Schußwaffe hatte keiner, dafür aber fast jeder ein Taschenmesser und Streichhölzer. Und viele von ihnen hatten alte, borstenarme Bartbürstchen und einer, der ganz abgerissen war, ein Taschenspiegelchen. Einer brachte eine Blechbüchse mit Stiefelwichse und eine Stiefelbürste zum Vorschein, einer ein zerfetztes Taschentuch und – er wurde von den anderen darob angestaunt – ein Paar Handschuhe. Wieder einer hatte an Stelle eines Taschenmessers ein harmloses Eßmesser bei sich. Der einen Kamm, der sich über Zahnlosigkeit beklagen durfte, der ein Rasierzeug, das wohl ehedem einem Kavalier gedient haben mochte ... Die Messer wurden ihnen abgenommen, ebenso, wie die Vorschrift sagt, das Portemonnaie, das mehr als drei Mark Inhalt birgt. Von den 170 besaß aber nur einer ein Portemonnaie und da waren ein Groschen und drei braune Pfennigstücke drin. Die „Effekten", die den Sistierten abgenommen werden, werden in Kuverts verpackt, auf die der Name des Besitzers geschrieben wird. Werden die Arretierten entlassen, dann wird ihnen ihr Besitztum wieder zurückgestellt.

Nun wurde den Leuten das Rationale abgenommen. Da wußte einer nicht, wann und wo er geboren sei, der andere nicht, wie seine Eltern geheißen hatten …

Während die 170 noch auf dem Hofe standen, ging ein dicker Geldbriefträger vorbei, der im Hinterhause Bestellungen zu machen hatte.

„Ah", meinte der Kriminalwachtmeister, „Sie kommen gerade recht. Hier wartet schon eine Menge auf Sie, die Sie dringend nötig hat."

Die Hundertsiebzig belohnten diesen wachtmeisterlichen Scherz mit einem homerischen Gelächter. Diese armseligen Menschen empfanden es schon so dankbar, wenn irgendeine Respektsperson Scherze auf ihre Kosten machte.

Während die Kriminalbeamten noch mit der Fertigstellung der 170 Einlieferungsanzeigen für den Erkennungsdienst beschäftigt waren, rollte der erste der Gefangenenwagen, welche die Häftlinge nach dem Polizeipräsidium führen, vor das Tor des Hauses. In Gruppen von je zwanzig Personen werden die Sistierten zu den Wagen gebracht.

Während sich die meisten stumm und in ihr Schicksal ergeben an den Wagen geleiten ließen, legte ein junger Pole, als er die Schutzmannkette passierte, mit höhnischem Lächeln salutierend die Hand an das Mützenschild. Das war noch ein Ungebrochener, und ich vermute, daß er der Polizei noch viele Nüsse zu knacken geben wird.

MIT DER KRIMINALPOLIZEI AUF DER SUCHE NACH DER LEICHE ROSA LUXEMBURGS

Nebelfeuchter Tiergartenmorgen.

An der Unteren Freiarchenbrücke treffen Kriminalkommissar Gennat, dem die Nachforschung nach dem Verbleib der Leiche Rosa Luxemburgs übertragen ist, und ich pünktlich zusammen.

Am Ufer des Spreekanals liegen zwei Rettungsboote des Berliner Magistrats. Auf dem Ufer machen sich mehrere Männer emsig zu schaffen; sie entwirren Seile und engmaschige Fischernetze.

Einige Frühaufsteher halten die Brücke besetzt und sehen der Arbeit der Männer neugierig zu.

Die Landschaft ist traurig. Von den Ästen und Zweigen der Bäume fallen in langen Intervallen Tropfen zur Erde. Das Brausen des Wassers an der Schleuse ist das einzige Geräusch. Die Menschen schweigen. Von der Stadtbahn her dringt kein Pfiff, kein Räderrollen herüber.

Inzwischen haben die Männer ein langes Seil, an dem in bestimmten Abständen an Stricken Widerhaken – technisch werden diese als „Suchanker" bezeichnet – angebracht sind, dessen Enden an den Kähnen befestigt werden.

„Nichts eignet sich besser zur Leichenfischerei", meint Kriminalkommissar Gennat, „als die Suchanker. Das Fischen mit Netzen hat sich lange nicht so erfolgreich erwiesen. Befindet sich etwas auf dem Grund des Wassers, so wird es unfehlbar von den Ankern aufgegriffen."

„Wer sind die Männer, die sich der keineswegs leichten Arbeit unterziehen?"

„Leute von der Feuerwehr, die uns freiwillige Helferdienste leisten. Unsere gesamte Aktion steht unter dem Kommando des Fischermeisters Wolle von der Berliner Fischerinnung, der sich durch langjährige Praxis gewissermaßen zum Spezialisten für das Nachfischen von Leichen herausgebildet hat. Wenn sich die Leiche Rosa Luxemburgs überhaupt in den Tiergartengewässern befinden sollte, dann wird es Herrn Wolle sicher gelingen, sie zu bergen."

„Die Strömung scheint hier ziemlich stark zu sein. Ist es nicht möglich, daß die Leiche von ihr erfaßt und lang abgetrieben worden ist?"

„Daran haben wir auch schon gedacht. Deshalb ist die Schleuse bis auf eine Öffnung, durch die ein Menschenkörper unmöglich durchtreiben kann, geschlossen worden."

Mittlerweile waren die beiden Boote bemannt worden. Sie fuhren auseinander, so daß das Seil zwischen ihnen, das durch das Gewicht der „Suchanker" in die Tiefe gezogen wurde, über die ganze Kanalbreite gespannt wurde.

Es vergingen an zehn Minuten. Dann trieb das eine Boot dem andern, ruhenden zu. Die Fischer sprangen ans Land, um mit vereinten Kräften das Seil aus dem Wasser zu ziehen. Verteufelt schwer war es. Die Widerhaken mußten sich einer Beute versichert haben. Mit vorgereckten Hälsen, die Augen voll Erwartung und Neugierde, standen die Leute am Ufer.

Einige der „Suchanker" kamen ins Trockene. Sie waren leer. Aber jetzt ... Die Fischer zogen und zerrten mit doppelter Anstrengung. Da schob sich, ein Zerrbild seiner einstigen Gestalt, ein Kinderwagen ans Land, und hinter ihm ein Fahrrad, das wer weiß wie lange auf dem Grund des Landwehrkanals gelegen hatte ...

Und die Fischer arbeiteten weiter. Immer wieder und wieder warfen sie das Netz aus, tauchten sie die „Suchanker" in die grauen Fluten. Es verblieb zwischen der Freiarchen- und der Korneliusbrücke kein Stückchen, das von ihnen nicht durchforscht worden wäre. Wohl kamen noch vier Infanteriegewehre und ein Patronengurt mit Patronen ans Tageslicht, das aber, wonach sie fahndeten, blieb verborgen.

Morgen werden sie ihre Bemühungen wieder aufnehmen. Morgen werden sie den Neuen See abfischen. Ob sie Rosa Luxemburg finden werden?

„Wenn sie nur drinnen liegt", sagte mir ein alter Fischer, „dann muß sie zu finden sein."

Keiner der Leutchen aber glaubte so recht, daß ihr Schaffen von Erfolg gekrönt sein wird. Es gehen unter ihnen Legenden von Mund zu Mund …

HÄNDE HOCH!

Razzien wurden von der Berliner Kriminalpolizei, so lange ich zurückdenken kann, durchgeführt. Aber während sie vor dem Jahre 1921 nur sporadisch und ausschließlich zur Habhaftwerdung irgendeines gesuchten Schwerverbrechers stattfanden, wurden sie während des abgelaufenen Jahres oft und nach einem bestimmten System abgehalten. Die Leitung der Streifmannschaften der Berliner Kriminalpolizei war in die Hände Kriminalkommissars Engelbrecht gelegt worden, eines sehr erprobten Beamten, der mit Ernst und großem Eifer an die Lösung der Aufgaben, die ihm gestellt waren, schritt. Die Kriminalität in Berlin war vom Sommer 1921 in ganz erschreckendem Maße gestiegen, das Verbrechen, das sich bis dahin zumeist in seine Schlupfwinkel zurückgezogen hatte, machte sich auf allen Straßen und Plätzen Berlins breit. Kein Wunder, daß die Unsicherheit in der Reichshauptstadt stieg, daß Einbrüche, Raubanfälle und Diebstähle an der Tagesordnung waren und daß die Anzeigen aus dem Publikum, die beim Polizeipräsidium einliefen, in die Legionen gingen. Dagegen mußte die Behörde Maßregeln ergreifen. Die Schutzpolizei richtete die „Überfall-Kommanden" ein, eine Maßnahme, die mehr Erfolge zu verzeichnen hätte, wenn der öffentliche Fernsprechdienst nicht haarsträubende Mängel aufwiese, und die Kriminalpolizei griff zu dem Abwehrmittel der Razzien. Es galt vor allem, durch unerwartete Absperrungen und Durchsuchungen ganzer Straßenzüge jene Individuen in die Hand zu bekommen, die sich bis dahin frei und ungehindert an den frequentesten Stellen umhergetrieben, ihre Pläne geschmiedet und sie sofort an Ort und Stelle ausgeführt haben. Ferner galt es, die Stammgäste gewisser Gastwirtschaften, die in Berlin als Pennen und Kaschemmen bezeichnet werden, durch plötzliche Besuche derart zu beunruhigen, daß ihnen die Lust vergehen sollte, Lokale zu besuchen, um dort mit Genossen Kriegsrat zu halten und um Beutezüge zu verabreden. Daß die Razzien keine absolute und restlos radikale Wirkung haben können, ist jedem Kriminalisten klar. Es ist aber sicher, daß sie das, was sie erreichen wollen, auch erreichen. Und wenn bei jedem Beutezug, den die Kriminalpolizei unternimmt, auch nur ein „schwerer Junge", der von der Staatsanwaltschaft gesucht wird, in die Hände der heiligen Hermandad gerät, so hat er seinen Zweck schon erfüllt. Bis vor kurzer Zeit wurden die Razzien vielleicht ein wenig allzu Max Reinhardtisch inszeniert. Sie gingen zumeist mitten in der Nacht vom Polizeipräsidium auf dem Alexanderplatz aus. Eine halbe Stunde vor ihrem angesagten Beginn fuhren ratternd und knatternd die großen Lastautos, die zur Beförderung der Sistierten dienen, in den Lichthof des Präsidiums ein, die leichten Personenautos der Kommissare standen „unter Dampf" und die Streifmannschaften strebten in Gruppen ihrem Versammlungsorte zu. Dieses etwas lärmende Treiben blieb natürlich von den Straßenpassanten nicht unbeobachtet. Es ist eine bekannte Tatsache, daß sich zu jeder Tages- und Nachtzeit Leute in der Nähe des „Roten Hauses" umhertreiben, die eigentlich zahlreiche Gründe hätten, seine Nähe geflissentlich zu meiden. Aber – und in diesem Gefühl steckt ein Stück Verbrecherpsychologie – sie fühlen sich gerade dort am sichersten, wo man ihrer am sehnsüchtigsten harrt, oder aber es sind Aufpasser, die sich für alle Vorgänge im Präsidium lebhaft interessieren, um von ihnen ihren „Kollegen" rasche Mitteilung zu machen. Diesen „Alex-Tipplern" nun konnte natürlich eine so nächtliche Bewegung, wie die Vorbereitung zu einer Razzia, ebensowenig verborgen bleiben, wie den harmlosen Passanten. Die unmittelbare Folge dieser Wahrnehmung war, daß die Alex-Ganoven sofort zum Telephon liefen und ihre Genossen in den am meisten durch die Razzien bedrohten Stadtteilen davon unterrichteten, daß die „Polente" wieder mal abenteuerlustig sei und ein großes Ding drehen wolle. Diese telephonische Nachricht bewirkte, daß sich die Verbrecherlokale im Norden und Osten Berlins sofort leerten. Kaffee Dalles, der Albert-, der Steinkeller, das Restaurant Reese, in denen knapp vor dem Eintreffen der Drahtmeldung das lebhafteste Treiben geherrscht hatte, sind plötzlich von ihren Gästen verlassen, sehr zum Leidwesen der Booste (Schankwirte), die durch derartige Alarme um ihre Einnahmen gebracht werden. Erschienen dann nach geraumer Zeit die Beamten in den Lokalen, fanden sie die Nester ausgeflogen und der Kommissar mußte zu seiner innersten Betrübnis wieder einmal feststellen, daß die ganze Aktion „verpfiffen" worden sei.

Erfahrung macht klug. Darum änderten die Kriminalkommissare Engelbrecht und Finke ihre Taktik. Sie nahmen davon Abstand, das Präsidium zum Ausgangspunkt ihrer nächtlichen Operationen zu machen, und verlegen – immer von Fall zu Fall wechselnd – den Versammlungsort für ihre braven, tapferen Helfer in die einzelnen Polizeireviere. Auch sehen sie davon ab, die verräterischen Lastautos an irgendeinem Platze zu konzentrieren. Bedarf man ihrer, dann werden sie telephonisch aus den Polizeikasernen herbeigerufen. Seither haben die Razzien natürlich gute Erfolge gezeitigt. Der Verlauf einer Razzia ist ungefähr folgender: Ziel und Zweck der Streifungen sind von den Kommissaren bis etwa eine Viertelstunde vor Beginn des Unternehmens geheimgehalten. Haben sich die Beamten der einzelnen Streifen – ich nenne hier nur die populärsten, der Kriminaloberwachtmeister Titze, Dettmann, Wild, Bußdorf, Schwämmle, Krähe und Göhrke – zusammengefunden (bei größeren Aktionen werden diese Streifen von Beamten der Sittenpolizei und der uniformierten Sicherheitspolizei begleitet), dann wird ihnen von Kommissar Engelbrecht der fertige Feldzugsplan mitgeteilt. Er ist es auch, der die Funktionen der einzelnen Beamten bestimmt. Hierauf begeben sich die Beamten je nach Lage und Entfernung des Lokals, das sie besuchen wollen, mit Straßenbahn, Stadtbahn, Auto oder auch zu Fuß, in die Nähe ihrer Wirkungsstelle. Einzeln oder zu zweit gehen sie auf die Kaschemme zu, indem die Kommissare als erste mit gezogenem Revolver und mit dem Rufe „Die Kriminalpolizei! Hände hoch!“ eintreten. Natürlich sind vorher alle etwa vorhandenen Nebenausgänge und Fenster besetzt worden. Während die Gäste mit erhobenen Händen dastehen, werden sie von den Beamten auf Vorhandensein von Waffen und Einbruchsgegenständen abgetastet. Hierauf werden an Ort und Stelle ihre Legitimationspapiere geprüft. Wer sich genügend ausweisen kann und nicht den Verdacht erweckt, daß er sich im Besitz gefälschter Ausweise befindet, wird in der Regel entlassen. Alle übrigen aber müssen die vor der Türe haltenden Autos besteigen, um die Fahrt nach dem „Alex“ anzutreten. Im Polizeipräsidium wird jeder einzelne auf Herz und Nieren geprüft. Die gemachten Angaben müssen seitens der Polizeireviere, die telefonisch angefragt werden, ihre Bestätigung finden, sonst wird der Sistierte „eingeliefert“.

Während der zwölf Jahre, während der ich an mehr als hundert Razzien teilnahm, ist es noch nie zu Ausschreitungen bedenklichen Charakters gekommen. Nicht, als ob es unter unseren Ganoven nicht Leute gäbe, denen Messer, Revolver oder Schlagring lose in der Tasche säßen, sie sind aber zu klug, um nicht einzusehen, daß sie durch gewalttätigen Widerstand ihre Sache nur verschlimmern. Gewöhnlich fügt man sich mit Humor in die Situation. Wer nichts am Kerbholz hat, kann's ja auch getrost tun. Denn ob er nun eine Nacht in der Kaschemme oder im Polizeipräsidium zubringt, ist am Ende doch gleich.

AUFMACHEN!

Die Berliner Polizeistunde schlägt um 1 Uhr.

Um diese Zeit müssen die Gäste die öffentlichen Lokale verlassen haben, muß der Betrieb in allen Cafés, Restaurants und Kabaretts eingestellt sein, sagt die Polizeiverordnung. Die Polizeiverordnungen haben schon während der Kriegszeit vieles gesagt, was an Ohren klang, die sich taub stellten. Polizeiliche Maßnahmen fanden einst in Preußen Beachtung, dort vielleicht mehr als in anderen Ländern, seit sich aber die Schwarz-Weißen darauf besonnen haben, „freie Bürger und Herren" zu sein, scheint die Ehrerbietung vor dem Uniformknopf in ihnen erloschen zu sein und sie holen gerne nach, was sie ehedem an Beweisen der Manneswürde und Bürgerstolz versäumt haben. Offen gegen das, was die Polizei diktiert, aufzutreten, wagt auch heute noch kein Berliner. Aber hintenrum, ja hintenrum, da kann man's wohl riskieren. Und aus diesem schönen Grundsatz heraus sind die „Nachtbetriebe" entstanden, die der Polizei ein Schnippchen schlagen und sich dieses Schnippchen von den Gästen teuer genug bezahlen lassen. Kaninchenhaft haben sie sich vermehrt, diese Stätten zweifelhafter nächtlicher Lust. In allen Stadtteilen wurden sie eröffnet. Wo nur immer ein Kellerloch, eine Portierwohnung oder sonst welche nicht gerade verlockenden Räume frei waren, nistete sich ein Nachtbetrieb ein. Leute fanden sich, die ihre Privatwohnungen hergaben, um in ihnen Nachtlokale zu etablieren. Schnell und einfach genug vollzog sich die Wandlung von Kellern, Läden, Armeleutstübchen zu nächtlichen „Festräumen". Wo keine waren, wurden rasch ein paar Stühle und Tische hineingestellt, in Privatwohnungen wurde überhaupt nichts geändert. Neu zu beschaffen waren nur einige Kartenspiele, ein Quantum Kokain, ein Posten schlechter Wein und noch schlechterer Sekt, ein Oberkellner, allenfalls eine Nackttänzerin, in jedem Fall aber ein „Spanner".

Früher, als es noch keine Nachtlokale „hintenrum" gegeben hatte, war „Spanner" in Zuhälter- und Dirnenkreisen die Bezeichnung für einen Beamten der Sittenpolizei gewesen. Die Zeit hat den Begriff „Spanner" erweitert. Heute versteht man unter „Spanner" den Herrn, dem es obliegt, Gäste für die Nachtbetriebe zu gewinnen. Sie stehen vor den Häusern oder unweit der Häuser, in denen sich die „verlockenden" Gaststätten befinden, und animieren Vorübergehende, soweit sie ihnen vertrauenswürdig genug erscheinen, zum Besuch der verschwiegenen Orte. Daß ihnen dabei mitunter das Unglück passiert, „an die Falschen zu kommen", d.h. Kriminalbeamte, die sich auf der Streife befinden, einzuladen, sei nur nebenbei erwähnt. Diese „Spanner", die zu typischen Erscheinungen der nächtlichen Straßen Berlins geworden sind, sind zumeist verkrachte Existenzen.

Wer ein Berliner Nachtlokal sein eigen nennt, muß vor allem darauf Bedacht nehmen, daß sich sein Unternehmen durch keinen Lichtstrahl auf die Straße verrät. Befindet sich solch ein Lokal in einer Parterrenwohnung oder in einem Laden, dann sind Türen und Fenster, sofern sie nicht durch Jalousien lichtdicht verschlossen sind, mit schweren Vorhängen, Decken oder Teppichen verhängt. Nicht so „gewissenhaft" braucht zu sein, wer Chef eines Kellerlokals im Hinterhaus ist. Doch auch hier erscheinen gewisse Vorsichtsmaßregeln nicht unangebracht. So hervorragend die Schlauheit unserer Herren Nachtbooste (Nachtwirte) auch entwickelt ist, so ist sie doch gegen gewisse Brieflein machtlos, die der Kriminalpolizei auf den Tisch geflattert kommen, und in denen erzählt wird, wo und unter welchen

Umständen es die liebe lange Nacht fidel und ausgelassen zugeht. Gegen alle nächtlichen Schöpfungen unternehmenslustiger Geister vorzugehen, ist einfach eine Sache der Unmöglichkeit. Dazu ist ihre Zahl zu groß und die Zahl der Beamten zu klein. Hat aber die Kriminalpolizei ein artiges Päcklein von „Sachen“ beisammen, dann unternimmt sie einen frisch-fröhlichen Fischzug, der sich fast immer lohnt. Ein paar kleine Beispiele aus der Praxis:

In der Markgrafenstraße befindet sich eine harmlose Konditorei. Am Tage ein Schaufenster, in dem Pfannkuchen, Torten, Liebesknochen usw. ein beschauliches Dasein führen. Es ist ungefähr die vierte Morgenstunde, als wir vor eben dieser Konditorei landen. Vor den Pfannkuchen, Torten und Liebesknochen der hermetisch schließende Laden. Kein Laut, nicht der leiseste Schein. Hinter dem Laden muß alles schlafen: der Konditor, seine brave Frau mitsamt allen ihren Liebesknochen, Torten und Pfannkuchen. Meint man. Meint der Laie, der etwa so in der vierten Morgenstunde an der Konditorei vorübergeht. Der Kriminalkommissar traut dem Frieden nicht. Er mißtraut den Liebesknochen hinter dem Laden. Mit einem Dietrich (Tandel heißt das gutwillige Ding in richtigen Verbrecherkreisen) hat er – eins, zwei – das Haustor geöffnet. Wir huschen, sechs Schatten, ins Haus. Zwei Schatten bleiben draußen, wachehaltend, stehen. Durch den stockfinsteren Hausflur in den Hof. Die Parterrefenster verhängt. Aber nur lose. Drinn brennt Licht.

Der Kommissar klopft an die Tür zur Wohnung. –

Stille.

„Aufmachen!“

Stille.

„Die Kriminalpolizei!“

Stille.

„Wenn nicht sofort geöffnet wird, brechen wir die Tür auf!"

Stille. Da, Hundegebell. Noch einen Moment, dann geht die Tür von innen auf. Wir hinein. Vor uns: der Herr Konditor, seine Gattin in Nachtkleidung, der Ober in weißer Jacke, ein kleiner Hund, der uns bellend an die Beine fährt. Der Kommissar, ohne sich bei der Gruppe aufzuhalten, mit dem Revolver in der Hand, in den Laden. An zwanzig Gäste, die sich harmlos zu unterhalten scheinen. Aber in den Ecken liegen, während des Klopfens hingeworfen und nur ungeschickt mit Zeitungspapier, Notenblättern zugedeckt: Spielkarten, Schlagringe, ein Totschläger, obszöne Photographien ... Ein Beamter bemerkt vor dem Schaufenster eine Falltüre. Mit seiner Taschenlampe steigt der Kommissar hinunter. Bald darauf kommen vier Genossen zum Vorschein, die in den Keller geflüchtet waren ... Berliner Nachtlokal ...

Hart an der Potsdamer Brücke. Der „Spanner" hat uns auf der Straße angesprochen. Wenn er geahnt hätte ... Er klopft dreimal an die Tür, die sich daraufhin öffnet. Elegante Räume sind in Licht getaucht. Eine wohlige Wärme. Es sind an zwanzig junge Herren da, auch drei Damen. Die jungen Herren haben alle Mädchengesichter und weibische Bewegungen. Wir haben da eine Sitzung des Vereins „Barnimer Schützen" gestört. Um 5 Uhr morgens. Die Jünglinge nehmen am Bartisch und auf den bequemen Wandsofas graziöse Stellungen ein. Sie tragen alle Smoking, mehrere Armbänder an den zierlichen Handgelenken. Während sich der Kommissar mit ihnen beschäftigt, sind die drei Damen verschwunden. Wo sind sie? Aus dem Hause können sie nicht sein. Vor dem Haustor steht ein Sipo-Wachtmeister. „Ach bitte", flötete ein Jüngling, „es sind drei Damen aus der Gesellschaft!" Das Flöten hilft nichts. Die Damen werden gesucht. Endlich findet man sie auf der Hintertreppe. Es sind in der Tat drei begüterte Frauen. Abenteuerlustig. Romantisch angehaucht. Erst brechen sie in Tränen aus. Als sie aber sehen, daß ihnen nichts passiert, und daß sie nicht zu fürchten brauchen, kompromittiert zu werden, finden sie ihr Abenteuer so komisch, daß sie zu lachen beginnen. Wären ihre Ehemänner dabei gewesen, hätten sie all das nicht so originell gefunden. Aber ihr junger Ritter, der für sie „garantierte" ... „Er ist doch zu nett, der Junge!" Bis auf drei Herren, die sich nicht ausweisen können, dürfen alle nach Hause gehen.

NIRWANA

Vor dem Kriminalkommissar war einer jener Herren erschienen, die man in kriminalistischer Amtssprache „Vigilanten" nennt, für die aber der Volksmund eine weit treffendere Bezeichnung geprägt hat. Er erzählt, daß sich in der und der Straße, sie ist unweit der Friedrichstraße gelegen, eine Wohnung befände, in der nächtliche Orgien gefeiert würden. Sein gutes Aussehen – hier warf er sich in die Brust – habe ihm dazu verholfen, Einlaß zu erhalten, und so sei er Augenzeuge der Nackttänze und des Kokainschnupfens der Gäste geworden. Ja gewiß, er sei gern bereit, die Polizei bis zu dem Hause zu führen, hinein aber dürfe er nicht gehen, sonst ... Hier machte der elegante Vertrauensmann die nicht zu mißverstehende Gebärde des Prügelns.

Und so bildete der Einbruch in die Kokainhöhle einen der wesentlichsten Programmpunkte der nächsten Razzia. Es war gegen 3 Uhr morgens, als wir uns im Auto der Straße, in der sich das interessante Haus befand, näherten. An der Straßenecke ließ Kriminalkommissar Engelbrecht, von den Berliner Verbrechern „der Blitz" genannt, stoppen. Ein Vorfahren des Autos, dem übrigens eines der großen Polizeiautos folgte, vor dem Hause hätte natürlich die Straße alarmiert. Zumindest hätte der „Spanner", der vor dem Haustor „Schmiere stand", seine bedrohten Brotgeber zu warnen versucht. Daß das unter allen Umständen vermieten werden mußte, war klar.

Wir sprangen also an der Straßenecke aus dem Auto, und Kommissar Engelbrecht bedeutete den Begleitungsbeamten, so lange bei dem Lastauto zu verharren, bis ihnen ein Zeichen gegeben würde, ihm zu folgen. Dann gingen wir, fünf Mann hoch, in die Straße hinein bis zu dem Haus, das uns durch den Vigilanten bezeichnet worden war.

Wir standen gespannt auf dem Bürgersteig, der dem Hause gegenüberlag. Das Haus lag dunkel und still da. Nur im dritten Stockwerke waren drei dichtverhängte Fenster, hinter denen Licht brannte. Dort mußte es sein! Wir huschten über den Fahrdamm. Ein Beamter erhielt den Auftrag, vor dem Haustor stehen zu bleiben. Kommissar Engelbrecht machte sich an der Haustür zu schaffen. Sie war fest verschlossen. Aber was bedeutet ein noch so gutes Hausschloß Dietrichen gegenüber, die mit Geschicklichkeit gehandhabt werden? Und „der Blitz" ist ein Meister im kunstgerechten Aufschließen versperrter Haustore. Um diese Kunst mag ihn mancher „schwere Junge" beneiden!

Zwei, drei Tandeln versuchte Engelbrecht, da war das Tor aufgesprungen, und der stockfinstere Hausflur gähnte uns entgegen. Elektrische Taschenlampen traten für Sekunden in Funktion. Nur für so lange, um sich einigermaßen zu orientieren. Nur keine Unvorsichtigkeit! Die geringste kann die Ausführung des ganzen Planes zunichte machen! Wir huschen die Treppe empor. Im ganzen Hause rührt sich nichts. Ich für meine Person dachte immer, daß Orgien mehr Geräusch erzeugen müßten ...

Während ich und ein Begleiter auf dem Absatz des zweiten Stockwerkes stehen blieben und uns in eine Nische drückten, stiegen die Kommissare Engelbrecht und Finke in die höhere Region. Wir hörten, wie sie zuerst leise, dann aber immer stärker an einer Tür klopften, hinter der sich aber nichts rührte. Da kam ein Beamter von der Straße aus die Treppe emporgeschlichen, der uns mit leiser Stimme erzählte, daß soeben hinter den drei bisher erleuchtet gewesenen Fenstern die Lichter ausgelöscht worden seien.

Die Kommissare standen indessen immer noch vor der verschlossenen Tür. Ihr Pochen hatte sich immer mehr verstärkt. Auch riefen sie in halbunterdrücktem Tone: „Aufmachen! Aufmachen! Die Kriminalpolizei!“ Ich bewunderte schon ihre Geduld, da schlug Engelbrecht mit der Faust gegen die Tür: „Wenn nicht sofort geöffnet wird, brechen wir die Tür ein!“ Das war ein Wort mit Zauberwirkung. Nichts hat sich je schneller gedreht, als der Schlüssel im Schloß, die Tür ging auf, und ein Mann steckte den bleichen Kopf heraus: „Was wollen Sie?“ – „Das werden Sie schon sehen!“

Ein Beamter lief die Treppen hinab, Verstärkung zu holen.

Wir betraten die Kokainhöhle! Spricht man dieses Wort so für sich aus, dann macht man sich dabei gewisse Vorstellungen. Ich sage es gleich: Diese Vorstellungen sind, wenigstens soweit sie diese Kokainhöhle betrafen, falsch. Denn, in der Tat, es gibt wohl nichts Unromantischeres, als es diese Räume waren, die man aus einer kleinbürgerlichen Wohnung zu einer Art Restaurant umgestaltet hatte. Das Licht der Gaslampen war durch farbiges Seidenpapier abgedämpft. An Möbelstücken gewahrte man nur Tische, Stühle und ein Piano. Keine Ruhebetten, keine Ottomanen. Spießergeschmack konnte das vielleicht behaglich finden. Kneipenbehaglichkeit. Mehr nicht!

Die bleiche Pianistin hatte ihr Spiel unterbrochen. Von „Nur eine Nacht sollst Du mir gehören“, war sie höchstens bis zur Nacht gekommen. Dann hatte sie schnell noch einmal „gekokst“, d.h. sie hatte, wahrscheinlich aus dem Wunsch heraus, ihren Schrecken zu vergessen, eine Portion jenes weißen Pulvers, das man hier „Koks“ (berlinisch volkstümlich für Kokain) nennt, in den niedlichen Nasenlöchern verschwinden lassen. An den Tischen, auf denen in reicher Zahl Sektflaschen standen, saß die „Gesellschaft“: Herren, denen man es ansah, daß sie sehr empört gewesen wären, wenn man sie für Schieber gehalten hätte. In der

Tat befanden sich unter ihnen, wie die folgenden Feststellungen ergaben, mehrere Rechtsanwälte, zwei Regierungsräte vom Finanzamt, Fabrikbesitzer usw. und „Damen“ … ja, die Damen gehörten, bis auf eine wirklich legitime Frau Regierungsrat, jenen an, die auf der Friedrichstraße himmlische Rosen ins irdische Leben flechten. Die Weiblichkeit war bleich und zeigte jene „übergroßen Augen“, die typisch für „Kokser“ sind. Man starrte uns an, und die Herren versuchten, als sie die Situation erfaßt hatten, Witze zu reißen. Im Hintergrund an der Tür stand der „Unternehmer“ und suchte durch heimliche Blicke, die er dem Kellner in weißer Jacke zuwarf, zu retten, was zu retten war.

Wo war die Nackttänzerin geblieben? Daß eine dagewesen war, war durch den Vigilanten einwandfrei festgestellt worden. Weder der Chef noch der Kellner wollten etwas von ihr wissen. „Mein Gott, Nackttänze! Bei uns? Wie kommen Sie darauf? Wir sind ein anständiges Lokal!“ Die Kommissare begannen, nachdem die Ausgangstüren sicher besetzt worden waren, zu suchen. Während sie die Gastzimmer durchstöberten, ertönte plötzlich die Telephonklingel. Sie klang verräterisch unter einem Tisch hervor, unter den man vorsichtshalber den Apparat eskamotiert hatte. Schnell wie der „Blitz“, dessen Namen er auch führt, war Kommissar Engelbrecht am Hörer. „Hallo, hier M…!“ (Der Name des Wohnungsinhabers.) Da vernahm der Kommissar die Warnung: „Achtung, Schmiere kommt!“ Worauf Engelbrecht schlagfertig erwiderte: „Danke, ist schon da.“

Bald war auch die Nackttänzerin entdeckt. Sie lag bis an den Hals zugedeckt im Bett des Wohnungsinhabers und markierte, als die Beamten den Raum betraten, einen gesunden Schlaf. Leider hatte es die Schnelligkeit, mit der sie die Rolle einer Tänzerin mit der einer harmlosen Schläferin vertauschen mußte, nicht erlaubt, daß sie ihr Kostüm, das aus einem Schleier bestand, ablegen konnte.

Auf den Lastautos, die in den trüben Morgen hinein, in der Richtung gegen das Polizeipräsidium, fortkutschierten, hatte sich diesmal eine bunte Gesellschaft vereinigt: Regierungsräte, Nackttänzerin, Rechtsanwälte, Dirnen ... Und 50 Flaschen Sekt, von denen das Exemplar in der Kokainhöhle 450 Mark gekostet hatte, wurden auch mitgeführt. Die sollten am nächsten Tag in den Krankenhäusern zur Verteilung gelangen.

„Nur eine Nacht sollst Du mir gehören", summte die kleine Klavierkünstlerin vor sich hin und „Na, so 'ne Schweinerei!" sagte einer der Regierungsräte aus dem Finanzamt ...

AUF DER JAGD NACH RÄUBERN

Seit vielen, vielen Jahren leuchten am Potsdamer Platz wieder die Lichtreklamen, und man kann zu spätabendlicher Stunde in Flammenschrift lesen, welcher Schuhcreme der beste ist, wo man sich am köstlichsten amüsiert oder wer die bestsitzenden Anzüge zu verkaufen hat. Aber das Licht dieser Reklamen reicht leider nur für den Potsdamer Platz aus. In den übrigen Straßen und Gassen der Riesenstadt ist es dunkel wie früher, dunkel, schreckhaft und voll Grauen: ein Dorado für die, die das Licht scheuen, ein Paradies für die, die das Fischen im Trüben zum Sport erkoren haben. Immer häufiger ereignet es sich auf den nächtlichen Berliner Straßen, daß Leute, bei denen man eine gefüllte Brieftasche erwartet, überfallen und ausgeraubt werden. Und je öfter diese Überfälle glücken und ohne Sühne bleiben, desto waghalsiger und unternehmenslustiger werden die, die in der Polizeisprache als „Räuber" bezeichnet werden. Es sind keine Rinaldo Rinaldinis, die zur Nachtzeit Berlins Straßen unsicher machen, keine bayerischen Hiesel*, denen es darum zu tun ist, ihr Tun durch einen romantischen Schimmer aufzuputzen. Der Berliner Räuber von 1922 ist zumeist ein junger Bursch, genug kräftig, um sein Opfer nötigenfalls niederschlagen zu können, ein Wegelagerer, dem es einzig und allein darauf ankommt, sich durch einen gelungenen „Handstreich" in den Besitz einer Geldsumme zu setzen, die er gewöhnlich noch im Laufe der selben Nacht in irgendeiner Kaschemme in Gesellschaft der Braut in Wein, Bier oder Schnaps umzusetzen pflegt.

* Bayerischer Hiesel, Spitzname von Matthäus Klostermayr (1736–1771), eine Art bayerischer Robin Hood, zunächst Bauernknecht, dann Wilderer, Dieb und Mörder, 1771 hingerichtet

Die Räuberdezernate der Kriminalpolizei werden mit Briefen überschüttet, die von Raubüberfällen melden. Im Laufe der letzten Jahre hat es sich ergeben, daß die Unsicherheit in bestimmten Stadtteilen und in diesen wieder in bestimmten Straßen am größten ist. Es gibt in Berlin Plätze und Straßen, auf und in denen nach Eintritt der Dunkelheit Gesindel in Scharen auftritt. Wehe dem arglosen Passanten, der in diesen Gegenden erscheint. Ihm kommt bei der herrschenden Dunkelheit die Straße menschenleer vor. Nach ein paar Schritten aber tritt irgendein baumlanger Kerl aus irgendeiner Toreinfahrt oder hinter einem Baum hervor vor ihn hin und fordert eine Zigarette oder fragt, wieviel Uhr es sei. Willfahrt der Angeredete dem Wunsche, dann versichert sich der Strolch mit einem Ruck seiner Brieftasche, aber er betäubt sein Opfer durch einen Schlag, um es dann zu berauben.

So lehrt die Praxis. In einem dieser keineswegs einladenden Bezirke fand jüngst ein Patrouillengang der Kriminalpolizei statt, an dem ich teilnahm. Kriminalkommissar Dr. Anuschat hatte seine erprobtesten Beamten für 11 Uhr abends auf die Alexanderwache bestellt, und von dort zogen wir dann auch in kleinen Trupps aus. Eine der geriebensten Polizeiagentinnen und ich sollten die „Stubben" spielen, die arglosen Leute, die gemächlich durch die mitternächtlichen Straßen schlendern, einladende Objekte für alle Leute räuberischer Neigung. Eine Strecke hinter uns ging der Kommissar mit einem Beamten. In weiteren Abständen folgten die übrigen.

Das Wetter war uns nicht günstig. Es war regnerisch. Regen wirkt auf Verbrecher mitunter radikaler als Kriminalpolizei. Landsberger-, Weber-, Wadzeckstraße. Was sich auf der Straße aufhält, kaum der Rede wert: ein paar Männer, die viel Geld für Branntwein ausgegeben haben und sich kaum auf den Füßen halten können. An den Straßenecken einige Mädchen jenes Viertels, denen die Dunkelheit just gut genug ist, damit sie das Fehlen ihrer Reize verdecke. Aus den Kaschemmen Licht, Musik und Gesang. Hier ein verstimmtes Klavier, dort eine Zither oder ein Grammophon. In einem Kellerlokal prügelt man einander. Sonst verläuft alles im schönsten Frieden. Räuber zeigen sich uns gegenüber wenig gefällig. Ein Mädchen schien uns erkannt zu haben. Sie sagt zu ihrer Freundin: „Kuck, die Bullen!"

Durch die Neue Königstraße zum Alexanderplatz zurück. Dort blüht der Handel mit Würsten aus „garantiert echtem Rind- und Schweinefleisch". Mädchen verzehren dort ihren Liebeslohn. Wer ein paar Würstchen zahlt, ist Kavalier. Wir marschieren zum Köllnischen Park, dicht am Märkischen Museum; hier soll nachts eine böse Gegend sein. Auf den Bänken umschlungene Harmlosigkeit. Man raubt dort, aber nur Küsse. Jetzt – der Atem stockt uns – bleibt ein Mann, der uns entgegengekommen war, vor uns stehen. Meine Begleiterin drückt diskret – Kriminalisten tun alles diskret – meinen Arm. Der Fremde greift an die Mütze: „Dirfte ick woll um 'n bißken Feier bitten?" – Ich reiche ihm meine Zigarre. Zittre ein wenig dabei. Erwarte einen Schlag. Aber es ist nur die Uhr, die schlägt. Der Mann zündet an meiner Zigarre seine an, greift dann wieder an die Mütze, sagt: „Dank ooch scheen!" und geht …

Wir stehen wie niedergedonnert da. Wie herrlich hätte alles geklappt, wenn es anders gekommen wäre, wenn ich meine Prügel weggehabt hätte. Alles war da, um den Räuber dingfest zu machen. Der Kerl hätte nichts zu lachen gehabt, und nun …

Schon dämmert der Morgen. Wir aber waren noch ohne Räuber. „Auf ein andermal", sagten wir beim Auseinandergehen.

NACHTSZENEN

Drei Stunden nach Mitternacht. Der letzte Nachtzug ist vor zwei Stunden abgegangen. Der Schlesische Bahnhof könnte, bis der erste Morgenzug seine finstere Halle verlassen wird, ein Weilchen schlafen. Der Schlesische Bahnhof aber kennt keinen Schlaf. Wenn die letzten Reisenden ihre Fahrt angetreten haben, dann kriecht, torkelt und wankt das Elend der Großstadt in die Wartesäle. Dann nehmen die Obdachlosen von den Räumen Besitz, um stehend, kauernd oder liegend den Morgen zu erwarten. Sie müssen jeden Augenblick gefaßt sein, daß die Kriminalpolizei kommt und sie mitnimmt. Aber sie trotzen der Gefahr. Draußen weht ein eiskalter Wind, in den Wartesälen aber ist es warm, draußen wird der Regen durch die Nacht gepeitscht, in den Wartesälen aber ist es trocken, und die Greifer kommen doch nicht jede Nacht. Das können sie gar nicht, denn sie haben, weiß Gott, in Berlin noch mehr zu tun, als sich immer nur mit dem „Schlesischen“ zu befassen. Und wenn sie kommen! Selbst im Polizeigewahrsam auf dem Alex ist noch immer besser sein, als auf den Straßen der Eis- und Sturmnacht.

Die Wartesäle des Schlesischen Bahnhofs gleichen Zigeunerlagern. Wer noch ein paar Mark in der Tasche hat, wenn er den Bahnhof betritt, löst vorsichtshalber eine Fahrkarte vierter Klasse nach einem Vorort. Die dient ihm als Ausweis, und der Kriminalkommissar kann ihm dann so leicht nichts anhaben. Er ist ja dann Passagier, selbst wenn er nie daran gedacht hat, die Karte zu benutzen.

Als Kriminalkommissar Engelbrecht jüngst in Begleitung eines Beamten (Die anderen konnten erst wenige Minuten später zur Stelle sein) und meiner Wenigkeit den Wartesaal vierter Klasse betrat, waren in ihm an 600 Menschen versammelt. Darunter Riesenkerle, denen man Verwegenheit und Lust am Verbrechen von den Gesichtern ablesen konnte. Sie hätten uns mit Leichtigkeit überrennen und den Ausgang gewinnen können. Der Ruf Engelbrechts „Kriminalpolizei!" aber hatte alle hypnotisiert. Stumm und mit schlaff herabhängenden Armen standen sie da, und erst als die anderen Beamten eingetroffen waren und an ein Entrinnen nicht mehr gedacht werden konnte, setzten ein paar Burschen ihrer Sistierung Widerstand entgegen …

Die Kaschemme der alten Ganoven. Sie ist in der Mulackstraße. Über der Tür eine Tafel mit der harmlosen Aufschrift „Bierquelle". Drei Steinstufen führen in den bedrückend kleinen Raum, in dem nicht mehr als drei Tische, eine Bank und ein paar klapprige Holzstühle vorhanden sind. Hinten befindet sich das Büfett, ein kahler Ladentisch, und hinter ihm die Wirtin, die aus einer großen Flasche Brennspiritus in Gläser schenkt. Brennspiritus – heute kostet das Glas bereits 50 M – ist hier das Lieblingsgetränk der Gäste. Sein Gestank erfüllt das ganze Lokal.

In dieser Kaschemme finden sich die Verbrecherveteranen und die Straßendirnen von mehr als fünfzig Jahren zusammen. Selten, daß sich ein „Rabe" oder ein „Halbseidener" in diese Gesellschaft verirrt. Hier renommiert man mit seinen Zuchthausstrafen. Wer die meisten Jahre „Knast" abgesessen hat, genießt das größte Ansehen. Hier findet man, was vielleicht vor zwanzig Jahren der Schrecken der Stadt oder der Straße gewesen war. Aber es ist schwach und weißhaarig geworden und lang nicht mehr auf der Höhe des Berufs.

Es ist da wie überall: Die Jungen, Kessen wollen mit den Invaliden ihrer Branche nichts mehr zu tun haben. Sie würden höchstens durch die gestört werden, denn die Alten haben, weiß Gott, keine Ahnung, wie man heutzutage ein

Schloß auftandelt und einbruchssichere Kassenschränke erbricht. Nur wenn die Polizei kommt, werden die stumpfen Alten lebendiger. Denn das war auch damals so, als sie noch in der Blüte ihrer Jahre gestanden hatten. Sie wurden zwar damals noch nicht auf Autos verladen und ins Polizeipräsidium gebracht, aber diesen Fortschritt der Zeit lassen sie sich gern gefallen, denn der Weg von der Mulackstraße zum Alex ist weit, wenn man ihn zu Fuß gehen müßte.

Zu dem lebenden Inventar dieser Kaschemmen gehört noch ein Neger, dem schon die Motten ins Wollhaar gekommen sind. Dabei hat er nur ein Auge, weil ihm das andere bei einer Rauferei ausgeschlagen wurde. Dieser Neger ist hier sehr beliebt, und die alten Dirnen streicheln über sein Haar oder kraulen ihm hinter den Ohren. Man nennt ihn „Jimmy", aber kein Mensch weiß, wie er in Wirklichkeit heißt. Er selbst konnte es niemals sagen, denn er ist taubstumm. Er grinst nur, wenn man ihn streichelt, oder fletscht die Zähne, wenn man ihm die Faust zeigt. Er ist ein braver, gutmütiger, taubstummer Kerl ...

„Engelbrecht sein Auto!" Wir sind auf der Jagd nach „Spannern". Die lungern an allen Ecken des Kurfürstendamms umher und animieren die vorbeigehenden Herren zum Besuch von Nackttanzlokalen. Wir fahren im Kommissarauto im gemäßigten Tempo den Kurfürstendamm hinunter. An der Ecke der Joachimsthaler Straße, dicht vor dem Kabarett „Größenwahn", befindet sich das Hauptquartier der Spanner. Dort stehen und luchsen sie; als sie uns anfahren sehen, springt einer von ihnen auf das Trittbrett des Autos und streckt dem Kommissar Engelbrecht ein Kärtchen entgegen. In diesem Augenblick ertönt aus dem Kreis der Spanner der Ruf: „Maxe, vadrick da, det is doch Engelbrecht'n sein Auto!" Worauf der Spanner heftig das Kärtchen zurückreißt, mit einem Satze vom Auto springt und in der Finsternis verschwindet.

Die Frau des Hochstaplers. Es ist eine Nacht, in der es die Kriminalpolizei auf Spielklubs abgesehen hat. Einer in Charlottenburg ist schon die längste Zeit observiert worden. Eine der tüchtigsten Kriminalagentinnen, Frau F., hat herausbekommen, daß dieser Klub der Rendez-vous-Ort der schwersten Jungen ist, die nach vollbrachten Einbrüchen und Raubüberfällen das erbeutete Geld hinbringen. Dieser Klub soll genommen werden und wird genommen, aber erst nachdem der Kommissar mit Schultern und Fäusten die Wohnungstür hat aufbrechen müssen. Man überrascht ein paar Spieler und zwei junge Damen. Die Inhaberin des Klubs weint dem Kommissar vor: sie ist Schneiderin, eine ehrbare natürlich, die sich von der Arbeit ihrer Hände ernährt, das Spielzimmer habe sie an ein paar Herren vermietet. Was die drin getrieben hätten, weiß sie nicht … Ihre faustdicken Lügen langweilen endlich.

Man befaßt sich lieber mit den jungen Damen. Eine von ihnen, die einen glatzköpfigen Herrn in den Klub verschleppt hatte, ist Kätchen M., von der man weiß, daß sie die Frau eines bekannten Hochstaplers ist, der eben dabei ist, eine achtjährige Zuchthausstrafe abzumachen. Um sich zu ernähren und für ihren Gatten die Rechtsanwaltskosten zu bezahlen, hat sie sich dem Dienst der Straße gewidmet. „Ich liebe meinen Mann über alles“, erzählt sie, „und darum habe ich auch einen Beruf ergriffen, der mich in die Lage versetzt, ihm helfen zu können. Man hat eben seine Ehre! Daß ich meine Freier neppe, kann mir niemand verübeln, der weiß, was heute Kleidung kostet, und was Rechtsanwälte für Rechnungen machen …“

Man soll Kätchen M. beileibe nicht ironisieren. In ihrer Art ist die ein braves Weib, und wenn sie es mit der äußeren Treue nicht genau nimmt, mit der inneren tut sie es um so mehr.

DIE KRIMINALPOLIZEI HEBT SPIELKLUBS AUS

Nachmittags hatte mir Kriminalkommissar Werneburg, der stellvertretende Leiter des Spieldezernates im Polizeipräsidium, gesagt: „Sie mögen gern heute nacht unser Begleiter sein, aber ich bemerke ausdrücklich: Auf Ihre Gefahr. Man muß darauf gefaßt sein, daß im Laufe unserer Aktionen geschossen werden kann. Sie verstehen also ..." Ob ich verstand! Trotzdem ich den größten Teil meiner Militärzeit im Kriegspressequartier verbrachte, bin ich dennoch ein friedliebender Mensch, der das Schießen keineswegs zu den täglichen Bedarfsartikeln zählt. Dem Kommissar gegenüber aber machte ich ein Gesicht, das so ungefähr „Nu, wenn schon!" ausdrücken sollte. Was Herr Werneburg mit großer Befriedigung zur Kenntnis nahm und nur noch kurz bemerkte: „Gut, dann heute abend 10 Uhr vor Josty."

Punkt 10 Uhr rollte am Café Josty ein Automobil vor, in dem drei Herren saßen, in deren einem ich Kriminalkommissar Werneburg, meinen Führer durch die tolle Nacht, erkannte. Ich hatte nichts zu tun, als den vierten Platz im Auto einzunehmen. Eine Weisung, die dem Chauffeur erteilt wurde, und der Wagen jagte die Tiergartenstraße entlang. So kurz die Fahrt war, sie hatte genügt, um uns mit neuen Namen zu versehen, unter denen wir in den Klubs auftreten sollten. Der Wagen hielt mit einem plötzlichen Ruck. Wir waren in der Nähe des Hauses angelangt, in dem sich ein berüchtigter Spielklub befand, dem als ersten unsere Amtshandlung zuteil werden sollte. Wir stiegen aus und der Kommissar erteilte die nötigen Instruktionen. Mir fiel die Aufgabe zu, mit einem meiner Begleiter in das Haus einzudringen und die Vorgänge in den Spielzimmern zu beobachten. Nach fünf Minuten wollte der Kommissar mit einigen Kriminalbeamten, die bereits avisiert worden waren, nachkommen. „Aber recht vorsichtig sein", meinte Herr Werneburg, „halten Sie sich möglichst im Schatten der Häuser. Sie müssen nämlich wissen", wandte er sich zu mir, „daß die Klubs Straßenposten ausgestellt haben, die alles Verdächtige, was sich auf der Straße ereignet, sofort melden. Der Klub, den wir zu schließen vorhaben, ist ein sogenannter „wilder Klub". Darum ist nicht zu befürchten, daß die Herren beim Eintritt irgendwelche Schwierigkeiten haben werden."

Wir tappten uns also im Dunkel der Straße weiter, bis wir an eine Straßenkreuzung kamen, an der eine Gruppe von fünf Männern stand. Schon wollten wir ihr vorsichtig aus dem Wege gehen, da flüsterte uns einer der Männer zu: „… straße 9. Wir kommen gleich nach!" Ah, die Kriminaler! Da hat es keine Gefahr!

Wir standen vor einem Portal, das auf unser Klingelzeichen dienstwillig geöffnet wurde. Da stand ein Portier, an dessen Kleidung viel Gold verschwendet war. Er ließ uns ungehindert passieren. Nun lag das Paradies frei vor uns. Was wir zuerst wahrnahmen, war ein Überfluß von Licht. Vestibül und die teppichbelegte Treppe lagen in einem Glanz da, der kaum daran erinnert, daß wir in der Ära behördlich anbefohlenen Stromersparnisses leben. In dieser Art von Klubs fragt man nicht nach Äußerlichkeiten. Hier gilt nur die Innerlichkeit der Brieftasche. Ich glaube, man kann diese preziösen Räume mit dem Aussehen eines Haderlumpen betreten, wenn man sich vorher durch den Besitz eines potenten Geldbeutels legitimiert hat.

Musik! Natürlich ein Fox-Trott. Im Parterre wird getanzt. Die Lampen sind durch farbige Seidenumhüllungen abgeblendet und ihr milder Schein ruht auf weißen Frauenschultern und -armen. Schöne Frauen? Mein Gott, der Geschmack ist verschieden. Ich finde sie schön: es sind Kokotten. Die Herren? Alle glatt rasiert. Dort, wo andere Menschen ihr Herz haben, tragen sie Tausend-Mark-Scheine. Die Frauen huldigen ihnen, das Knallen der Sektpfropfen ist hier gewohnheitsmäßig. Die Kellner wirken wie Attachés. Vielleicht sind sie wirklich imstande, eine bessere Politik zu machen als unsere Berufsdiplomaten …

Unten Tanz, oben Spiel. Unten Musik, Gesang und helles Gelächter, oben Ruhe, die Ruhe innerer Erregung und Spannung. Sind es dreißig, sind es vierzig Herren und Damen, die da um den langen grünen Tisch sitzen und stehen und lauernd die Handbewegungen des Bankhalters verfolgen? Bac à deux cotés. Mitunter wird in den Berliner Klubs das gefährlichere Bac tournant, das auch Bac chemin de fer genannt wird, gespielt, mitunter auch – aber höchst selten – Roulette. Bac à deux cotés herrscht vor. Durch die Ruhe klingt hin und wieder die Stimme des Bankiers: „Ich bitte um die Einsätze“ oder „Das Spiel ist gemacht!“ oder „Ab!“ und nach einer kurzen Pause „Dafür!“ Sonst Grabesstille. Hier haben sogar die Frauenröcke das Knistern vergessen …

Ich lehne in einer Ecke. Meine Blicke sind bald auf den Spieltisch gerichtet, bald auf die Tür, durch die das Unvermeidliche eintreten muß. Der Bankhalter will eben sein „Ich bitte um die Einsätze!“ sagen, aber er bringt nur das „Ich bitte …“ heraus, da ertönt im Vorsaal ein leiser Pfiff. Und jäh und plötzlich greifen die Spieler nach den vor ihnen liegenden Banknoten, aber es bleibt ihnen keine Zeit, sie zu verbergen, denn mit einem Sprung ist Kriminalkommissar Werneburg am Spieltisch, zieht seine Erkennungsmarke hervor und spricht mit scharfer, schneidender Stimme, die keinen Widerspruch duldet: „Bitte, aufhören zu spielen.

Hier ist die Berliner Kriminalpolizei. Ich schließe hiermit die heutige Vereinssitzung und übernehme das Hausrecht!" Und schon sind die Kriminalbeamten herbeigeeilt, um Geld, Schlitten, Harke und Taille mit Beschlag zu belegen. Die Spieler sind aufgesprungen, aber sie ergeben sich in ihr Schicksal, mancher von ihnen zeigt ein resigniertes Lächeln: „Das schöne Geld!" Die Frauen sind geschminkt. Gut so. Man sieht nicht, daß ihnen das Blut aus den Wangen gewichen ist. Der Kommissar ist, nachdem er seine die Laune der Spieler vernichtende Rede gehalten hat, liebenswürdig geworden. „Fürchten Sie nichts, meine Herrschaften, es geschieht Ihnen nichts. Aber bitte, verlassen Sie sofort nach Ihrer Legitimierung das Lokal!" Das verbindliche und taktvolle Vorgehen Werneburgs verfehlt nicht, beruhigend zu wirken. Kriminalbeamte beginnen nun, die Spieler und und Spielerinnen nach ihren Namen und Wohnungsadressen zu fragen und notieren alles, was sie hören. Das alles ist für die Betroffenen recht peinlich, aber sie fangen an, gute Mienen zum bösen Spiel zu machen. Was nützte auch anders zu sein? Widerstand ist vergeblich, also bemüht man sich, die Spuren des sauern Apfels, in den man hat beißen müssen, nicht im Gesicht zu zeigen ...

Die Gäste haben sich aus der Nähe des Grabes ihrer Habe entfernt. Die Beamten aber greifen zu den blauweißen Vignetten, die, wenn sie der Gerichtsvollzieher aufklebt, in Berlin „Blauer Kuckuck" heißen, und befestigen sie an Spieltischen und Spielgeräten. Endlich werden die Lampen ausgedreht und die Türen zugesperrt. An ihnen werden Zettel angebracht, auf denen die Worte „Polizeilich geschlossen!" zu lesen sind.

Vorbei ist die Musik, vorbei Gläserklang und Frauenlachen. Vorbei ist der Glanz, der in diesem Hause bis zum

Übermaß gestrahlt hat. Die Geisterstunde schlägt. Mögen sich nun Geister, die bekanntlich sogar durch Schlüssellöcher kommen können, im öden, finsteren Spielzimmer versammeln, um ihr *Bac à deux cotés* zu machen.

Wir aber begeben uns in die Seitenstraße, um das geduldig harrende Auto zu besteigen. Herr Kommissar Werneburg hat alle Ursache, zufrieden zu sein und er ruft, indem er sich die Hände reibt, dem Chauffeur eine neue Adresse zu. Bald wird er wieder sein Sprüchlein „Bitte aufhören zu spielen!" sagen.

In jener Nacht hat er es fünfmal ausgesprochen und damit fünf „Wilden" das Lebenslicht ausgeblasen.

NÄCHTLICHE FRIEDRICHSTRASSE

Die Berliner Friedrichstraße bleibt für den Feuilletonisten die ewige Fundgrube. Sie war es früher, als sie noch im Glanz der hundert Lichter dalag und ist es heute, in noch stärkerem Maße, da sie in ein Halbdunkel gehüllt ist, das manche Dinge nicht erkennen, sondern nur erraten läßt. Die Physiognomie der bekanntesten und längsten aller Straßen Berlins hat sich während der Kriegsjahre sehr geändert, und diese veränderte Physiognomie zeigt sich auch heute noch, obschon nach Abgabe des letzten Kriegskanonenschusses mehr als drei Jahre ins Land gegangen sind. Und es werden wohl noch viele, viele Jahre vergehen, ehe die Friedrichstraße wieder das geworden ist, was sie ehedem war: ein Meer des Lichtes – ein Kaleidoskop des Großstadtlebens, ein *Perpetuum mobile* des Verkehrs.

Neben dem Feuilletonisten war es seit jeher besonders der Kriminalist, der sich mit großer Vorliebe in den Strudel der Friedrichstraße gestürzt hat. Denn auch ihm blühte dort der Weizen. Dort fand der Jäger sein Wild. Wie Motten und Nachtschmetterlinge die Flamme umschwirren, bis sie mit versengten Flügeln zur Erde fallen, so wurden viele Verbrecher von dem Glanz der Friedrichstraßenlichter angezogen. Dort feierte das Leben seine Orgien, dort fand man, wonach man sich nach getaner „Arbeit" sehnte. Der Norden und Osten Berlins mit all seinen Lustbarkeiten in allen Ehren, den richtigen Gentlemen aber konnte man nur in der Friedrichstraße spielen. In ihren Cafés zu sitzen, war für den inneren und äußeren Menschen doch etwas anderes, als im „Alten Seidel" zu verkehren oder im „Hackepeter" oder im „Café Dalles". Selbst Stammgast in der „Lebensquelle" oder im „Automatenbüfett" zu sein! Friedrichstraße bleibt Friedrichstraße! Dem Hang zur Vornehmheit kann man dort frönen, man fühlt sich freier und sicherer. Wenn es auch nur Einbildung ist. Vor der Revolution, als noch der alte „Blaue" Herr über Leben und Tod war, da hatte man seinen Aufenthalt in der Friedrichstraße von seinem äußeren Menschen abhängig gemacht. Um das „Innere" kümmert sich so kein Mensch in Berlin, aber eine elegante Kluft mußte man am Leibe haben, das heißt, was so elegant hieß: Eine bunte Weste, womöglich mit dicken Glasknöpfen dran, und von einer Tasche zur anderen eine knallige goldene Uhrkette. Echt brauchte sie ja nicht zu sein, aber glänzen mußte sie! Allen Weibern frech in die Augen sehen, daß sie dachten oder sagten: „Herrjotte, det muß 'n Nabob* sind!" Diese Luxusentfaltung in der Friedrichstraße hat aufgehört. Was heute aus dem Scheunenviertel in sie drängt, fragt nicht erst lange, was es für Kleider am Leibe hat. Wenigstens was die Herren der Schöpfung anbetrifft. Die Weiblichkeit, von der der weitaus überwiegende Teil die Straße aus bestimmten Gründen aufsucht, gibt noch ebensoviel auf ihr Äußeres wie früher. Zu der männlichen Abgerissenheit und Vernachlässigung bildet die modische Kleidung der Friedrichstraßenfrau einen seltsamen Gegensatz.

Wieder einmal nach längerer Zeit hat es mich nachts in die Friedrichstraße gezogen. Das heißt, was man heute noch immer in Berlin so „nachts" nennt. Früher war es die elfte Abendstunde, die Stunde des „angebrochenen Abends". Langsam, behäbig und bedächtig, setzte ich mich vom Belleallianceplatz aus in Bewegung. In den obersten Regionen der Friedrichstraße ist es dunkel und menschenleer. Und man braucht durchaus nicht an Verfolgungswahn zu leiden,

* Steinreicher Mann

um jeden Augenblick auf einen Überfall gefaßt zu sein. Die Häuser liegen dunkel, wie ausgestorben da. Sie beherbergen zumeist die Bureaus der Filmfabriken und Filmverleiher. Ich atme auf, als ich an einer Toreinfahrt vorübergehe, in der eng aneinander gepreßt, und darum gewiß nicht im Sinne Professor Brunners, ein Liebespaar steht. Das tun die Leutchen in stummer Verzücktheit. Sie wollen gewiß mit ihrer Liebe der Welt entrückt sein. Darum gingen sie mit ihr in die Friedrichstraße.

Dort, wo die Puttkammerstraße der Besselstraße ein heimliches „Guten Abend" hinüberruft, begegnete ich den ersten Menschen. Diese trugen sehr kurze Röcke und schienen die Ecke der Puttkammerstraße als besonders vorteilhaften Stützpunkt anzusehen. Auf der kurzen Strecke bis zum Apollotheater flogen mir die Herzen nur so zu. Man sprach mich nicht weniger als sechsmal an und gestand mir, unter ständigem Erröten, daß man nur auf mich gewartet hätte, daß man gern in meiner Gesellschaft ein Gläschen Wein trinken oder zumindest eine Zigarette rauchen würde. Man stellte mir Freuden in Aussicht, die mein Herz erbeben ließen, und es bedurfte tatsächlich meiner ganzen Willenskraft, um meinem Vorsatz, die ganze Friedrichstraße abzuwandern, treu zu bleiben. Es schmerzte mich, daß die lieben Mädchen meine Absicht mißverstanden und mir „Oller Nepper!" und anderes nachriefen. Meinem Versprechen, wiederzukommen, glaubten sie nicht. Sie waren eben im Laufe von drei bis vier Jahrzehnten Pessimistinnen geworden ...

Aus einigen Schankwirtschaften strahlte Licht. Drin saßen Herren, die sich wahrscheinlich zu nächtlicher Arbeit stärkten. Wenn sie im Besitz einer Halsbinde gewesen wären, hätte man sagen können, daß sie etwelche „hinter die Binde" gossen. So aber gossen sie sie nur in den Hals.

An der Ecke der Leipziger beginnt das Nachtleben der Friedrichstraße großstädtisch zu werden. Denn dort steht der erste Verkäufer von heißen Würstchen, die gegenwärtig in der Friedrichstraße der beliebteste Artikel geworden sind. Das Pärchen – von einem Paar kann man im Hinblick auf die mangelhafte Größe nicht sprechen – kostet drei Mark. Man bekommt aber noch einen Löffel Mostrich und ein zierliches Brötchen dazu. Ich muß gestehen, daß ich noch nie so viele Würstchen beisammen gesehen habe, wie auf der Friedrichstraße. Die ganze Straße duftet nach ihnen, und ich habe ein paar junge Damen gesehen, die die Würstchen im Munde trugen und sie zum Kokettieren benutzten.

Im Café National ist es, wie es stets war. Die Räume sind voll, und die Weiblichkeit ist besonders stark und „stark" vertreten. Aber es herrscht eine paradiesische Ruhe dort. Hin und wieder läßt sich eine Musikkapelle vernehmen. Aber ihre Klänge üben keine belebende Wirkung. Der geschwellte Busen, mit dem man hierher kommt, läßt sich beherrschen. Dieses berühmte Nachtcafé macht den Eindruck eines Panoptikums, in dem die Kellner wie Automaten hin und her gehen. Haben sich in Berlin – wie man sagt – die Sitten gelockert, hier im „National" sind sie festverankert. Hier lebt Tradition.

An einigen Kriegsbeschädigten, die auf dem Pflaster sitzen, und teils musizieren, teils nicht musizieren, vorüber, komme ich zur Passage. Kaum aber, daß ich in dieses merkwürdigste aller Durchhäuser eingetreten bin, höre ich von den Linden her einen grellen Trillerpfiff. Die Menschenmassen um mich herum erstarren. Arme lösen sich von Taillen, die sie innig umschlungen hielten, Gesichter verzerren sich, Beine werden schlottrig: Die Polente! Razzia! Und schon bin ich gefangen, schon werde ich von Kriminalbeamten in der Richtung gegen die Kanzlerecke abgedrängt. Man sucht mich nach Waffen ab, findet aber außer einem scharfgespitzten Bleistift nichts, man fragt mich nach Papieren, ich habe aber nur eine Abendzeitung bei mir. Beim Café Bauer steht das gefürchtete Automobil. Ich muß hinaufklettern, der Chauffeur kurbelt an, das Auto kommt ins Rollen …

Ade, nächtliche Friedrichstraße! Diese Nacht endet auf dem Alexanderplatz …

AM ALEX

Das war meine einzige Sehnsucht, die ich während meines Sommerurlaubs nach Berlin hatte: Die Sehnsucht nach den wilden Kreuz- und Querzügen, die ich nächtlicherweise mit der Berliner Hermandad in den Jagdgründen der Diebe, Einbrecher, Zuhälter und Räuber mache.

Und kaum, daß ich wieder den Boden der Reichshauptstadt betreten hatte, fragte mich Kriminalkommissar Engelbrecht, der verdienstvolle Leiter der Streifmannschaften der Kriminalpolizei: „Wollen Sie morgen mitmachen? Wir fangen aber erst um 1/22 Uhr an."

Der späte Beginn war mir nicht gerade willkommen. Heutzutage fällt es schwer, die Zeit bis 1/22 Uhr zu verplempern. Erstmal geht die Elektrische nur bis Mitternacht und der Weg von meiner Wohnung bis zum Alexanderplatz ist weit und zweitens machen die Cafés wenn nicht um elf, spätestens um Mitternacht zu.

Bleibt einem also nichts übrig, als so ein, zwei Stunden lang mit den Ganoven gemeinsame Sache zu machen: auf dem Alex, in der Nähe des Polizei-Präsidiums herumzustreichen oder sich auf einen der Sessel auf dem Alex zu setzen, deren Benutzung bei Tage Geld kostet und auf denen nachts die jüngeren Herren aus der Grenadierstraße mit ihren „Kallen" sitzen.

Oder man stellt sich gegenüber dem Lehrervereinshaus, dort, wo es während der ganzen Nacht „Echte Wiener, die noch heiß sind" (das Paar 20 Mark) gibt, hin, und beginnt mit den jungen Damen, die dort rudelweise auftreten und sich versuchten Anknüpfungen gegenüber gar nicht spröde verhalten, zu kokettieren.

Das ist alles noch erträglich, wenn es eine warme Sommernacht gibt, wird aber höchst unsympathisch, wenn es der Nacht nicht einfällt, warm und schön zu sein.

Und es war just eine dieser unerfreulichen Nächte, in der die Razzia um ½2 Uhr begann. So um Eins herum hatte ich den Aufenthalt in Gottes freier Natur (wenn man den Alexanderplatz in sie einschließen darf) satt bekommen und war ins Präsidium eingetreten. Der Wachtposten, ein baumlanger Sipo, langweilte sich vor dem Tor. Im Lichthof, der aber nur tagsüber diese Bezeichnung verdient, schläferte es der Transparentuhr. Es schien, als ob sie in diesem Zustand ihren Gang bedeutend verlangsamt hätte. Ich patrouillierte durch die Korridore des Erdgeschosses des Präsidiums und freute mich an dem energischen Schall meiner Schritte.

Dann waren die ersten braven Beamten gekommen: Der lange, unermüdliche Krähe, der volkstümliche Dettmann, der dicke kuraschierte Klemm, der alte Sonnenburg, Lacher, Martini und wie sie sonst noch alle heißen. Endlich war das ganze Zimmer der Streifmannschaften von ihnen voll. Wohin es heute gehe? Keiner wußte es. Denn Kommissar Engelbrecht bewahrt das Geheimnis der Expeditionsziele bis zur letzten Sekunde.

Schlag ein Viertel Zwei kommt er. Gemeinsam mit den Patrouillenführern wird der fertige Feldzugsplan besprochen: „Eine Razzia rund um den Schlesischen Bahnhof herum. Die Beamten drängen, aus allen Nebenstraßen kommend, alles, was ihnen entgegenkommt oder auf den Straßen steht, vor sich her, dem Bahnhofe zu."

Eine Treibjagd. Nicht eben leicht auszuführen, da nur etwa 80 Beamte zur Verfügung stehen und nicht anzunehmen ist, dass die „Gestellten" lammfromm den Befehlen der Polizei Folge leisten und sich ohne Fluchtversuche vor sich hertreiben lassen werden.

Fünf bis sechs Beamte sollen für jede Straße genügen. Das ist eine verschwindend kleine Zahl, wenn man bedenkt, dass die Straßen, die auf dem Platz vor dem Schlesischen Bahnhof münden, ziemlich breit sind, und daß sich auf ihnen zur Nachtzeit das ganze Gesindel des Stadtteils, das keineswegs als sanft und friedfertig bekannt ist, aufhält. Aber jeder einzelne Beamte vertraut seiner Körperkraft, und wenn diese nicht ausreichen sollte, seiner Dreyse-Pistole, die er schußfertig in der Tasche trägt.

Der Kommissar teilt die Beamten ein. Punkt zwei Uhr soll vorgerückt werden. Alle Taschenuhren werden nach der des Kommissars gestellt. Dann erfolgt in kleinen unauffälligen Gruppen der Abmarsch vom Präsidium.

Ich fahre im Auto des Kommissars. Trotz der vorgerückten Nachtstunden herrscht auf den Straßen des „Katholischen Viertels", (so heißt im Volksmund die Gegend um den Schlesischen Bahnhof) noch reges Leben. Vor den Haustoren stehen Liebespaare, und unter dem berüchtigten Viadukt auf dem Platz vor dem Bahnhof lustwandeln Männer mit Seglermützen. Ein paar müde Nachtdroschken schleichen die Straße entlang. Von fern der Gesang eines Betrunkenen. Vor der Polizeiwache geht ein „Grüner" auf und ab.

Unser Auto hält. Es sind wenige Minuten vor Zwei. Wir betreten die Bahnhofswache, einen engen, unwirtlichen Raum, in dem sich nur ein paar Tische, Bänke und der telegraphische Apparat vorfinden. Die Schutzpolizisten sind damit beschäftigt, eingebrachte Individuen zu vernehmen.

Zehn Minuten nach Zwei wird es vor der Wache lebendig. Die ausgesandten Patrouillen haben ganze Arbeit verrichtet. Ihnen voran marschiert die Beute, die sie in den umliegenden Straßen gemacht haben: eine Blütenlese Bassermannscher Gestalten.

„Det ma sich so wat jefallen lassen muß!" Mancher „Kesse" hätte nicht übel Lust gehabt, dem „Bullen" (Kriminalbeamten) „Fleetenteene beizubringen", aber der Revolver in der Hand des Beamten hat stets seine Wirkung getan. Klamotten-Ede und Pallisaden-Karle haben sich in ihr Schicksal gefügt. Wenn sie was am Kerbholz haben, dann wird ihnen auch nach dem ersten Moment der Überraschung bewußt, daß sie durch Widersetzlichkeit gegen die Staatsgewalt ihre Lage nur verschlimmern können. Also besser, man geht als gesitteter Bürger mit.

So die Männer, wenn sie nicht unter dem Einflusse genossenen „Brennabors" (Schnaps) stehen. Anders „Trinen und Mullen" (Prostituierte und Bräute der Verbrecher). Die kreischten hell auf, als sie der „Bullen" ansichtig geworden waren. Und dann erfüllt ihr Schimpfen die nächtlichen Straßen. Sie wollen ihre Freunde und Bräutigame gegen die „Polente" (Polizei) aufhetzen. Im Schreien schnappen ihre Stimmen um, eine wirft sich auf das Straßenpflaster und stößt wie toll mit Armen und Beinen um sich.

Die Gesellschaft auf dem Platz ist größer und größer geworden. Eingebrachte Nachzügler werden mit Hallo empfangen. Hin und wieder ein Klirren. Dann hat sich einer der Herren des mitgeführten Einbruchswerkzeuges entledigt. Beamte bücken sich nach den weggeworfenen Päckchen, die Dietriche, Bohrer, Drahtscheren usw. enthalten, aber sie können, wenn geschickt manipuliert wurde (und geschickt sind die meisten unserer Ganoven, das muß ihnen der Neid lassen) nicht feststellen, wer sich solchermaßen der Corpora delicti entledigt hat.

Da rollt das bekannte Lastauto heran. Die Hinterwand mit der Treppe wird herabgelassen: Die Ganoven steigen zur Fahrt nach dem „Alex" ein. Fünf, sechsmal muß der Wagen die Strecke vom „Schlesischen" bis zum Präsidium zurücklegen, ehe er die Sistierten bis zum letzten Mann befördert hat.

Der Morgen graute, als Kommissar Engelbrecht festgestellt hatte, daß sich unter der reichen Jagdbeute 56 gesuchte Verbrecher befunden haben, darunter einer, ein „Pferdehändler“, für den die Staatsanwaltschaft wegen sechs begangener Delikte Interesse hatte.

„Wat“, sagte der, „Sie wollen ma einliefern? Wo ick unschuldig bin, wie'n weißet Karnickel? Ick werde ma beschweren! Dat soll Ihnen de Stellung kosten! Vastehn Se?“ ...

DIE RACHE DES KONDITORS

Vor ein paar Wochen wurde ich nachmittags zu Hause antelephoniert.

„Hallo, wer ist dort?"

„Hier is der Präsident vom Vaein ... (blieb unverständlich). Wa ham jestan Ihren Artikel ieba de Taschendiebe jelesen und mechten jern ooch een Amd mit Se beisamm sind. Ham Se heit Amd Zeit? Vielleicht vor Aschinger uff'm Alex..."

„Nee, lieber Herr Präsident, heute abend geht es leider nicht. Aber Montag, wenn es Ihnen paßt."

„Na, is jut, denn am Montach. Schlach acht vor Aschinger. Akennungszeichen? Rote Rosen sind'n bißken deia! Ick werde 'n blauen Hemdkragen tragn. Abjemacht?"

„Abgemacht!"

Die Sache ging mir im Kopf herum. Das Gebiet, das ich bearbeite, hat mich ein wenig misstrauisch gemacht. Obschon ich der Ganovenehre ganz vertraue. Immerhin: man kann nie wissen. Es kann auch unter den Verbrechern Verbrecher geben, Kerle, die keinen Begriff von Standesehre und Moral haben. Schließlich habe ich doch aus der guten alten in die böse neue Zeit eine Taschenuhr mit hinübergerettet und außerdem – wer garantiert mir dafür, daß man mir – trotzdem man keinen Anlaß hat – nicht doch irgendwo die Jacke vollhauen will. Meine Besorgnisse stiegen, als mir tags darauf einer meiner erprobten Freunde – er ist Tresoreinbrecher – dringend riet, auf der Hut zu sein, denn „von den Kolonnen kann dir niemand anemiert ham, denn det mißte ick wissen. Es kann nur een Wilda, Unorjanisierta jewesen sind ..." Was tun? Nicht hingehen, könnte als Feigheitsbeweis übel bemerkt werden. Allein hingehen, hieße sich aber wiederum einer unbekannten Macht ausliefern, die mich trotz aller Erfahrungen tüchtig ausfleddern konnte. Ich brauchte also einen Begleiter. Natürlich durfte es unter keinen Umständen ein Kriminalbeamter sein. Ich telephonierte also einen bekannten Ingenieur an, von dem ich nicht nur wußte, daß er für derartige Abenteuer Interesse hat, sondern auch, daß er über mehr Körperkraft verfügt als ich. Er zeigte sich sofort bereit, das Ding mitzudrehn. Die Sache war all right!

Es goß wie aus Kannen, als wir am Montag abend, kurz vor 8 Uhr, vor Aschingers Konditorei auf dem Alexanderplatz Posto gefaßt hatten. Wir spähten beide nach blauen Hemdkragen aus, was um so schwieriger war, als ein Teil der Herren, die an uns vorübergingen, überhaupt keine Kragen trug und der andere Teil die Mantelkragen bis zum Kinn hochgeschlagen hatte. Da schlug es acht. Plötzlich stand ein baumlanger Kerl vor mir, griff lässig an den Rand seiner Schiffermütze: „Sind Se Herr ... ?" Das war der Präsident. A Tempo waren auch zwei andere Herren auf mich zugetreten. „Heiliger Gott!", dachte ich, „nun sind es gar drei!" Und ich sah mich rasch nach meinem Ingenieur um. Er war noch da! Einer gegen drei, berechnete ich blitzschnell, denn mich selbst ließ ich aus dem Spiel. Ich verstehe zwar nichts von Jiu-Jitsu, aber ich weiß, wie man sich geschickt drücken kann.

Ich stelle meinen Begleiter vor: „Kein Bulle!" Die drei haben das längst erkannt. Dafür besitzen sie einen geübten Scharfblick. Wir beratschlagen im Regen, wohin wir gehen sollen. Der Riese schlägt eine bekannte kleine Konditorei, ganz in der Nähe, vor. „Dorthin kann ich nicht gehen", bemerkte ich, „dort hat es einer auf mich scharf". – „Ach wat", entgegnete der Herkules, „wenn de mit uns kommst, brauchste keene Bange zu haben!" – Wir gehen also in die kleine Konditorei.

Der erste, den ich dort treffe, ist der, von dem ich meinte, daß er es scharf auf mich habe. Er hat es aber gar nicht scharf, im Gegenteil, er glänzt über das ganze Gesicht, als er mich sieht. Es ist Erich, der mir mal meinen Pelz abstoßen wollte. Wir begrüßen uns so, als wenn wir schon einmal miteinander vier Wochen Kittchen abgemacht hätten.

Wir sitzen also in einer Nische. Die Unterhaltung ist anfangs stockend. Ich frage meine neuen Freunde nach ihren Namen und Spezialitäten. Der Große sagt: „Ick heeße Frettchen!" Der lange, hochaufgeschossene Jüngling mit unverkennbar semitischen Gesichtszügen: „Man nennt mir Häkelhaken!" (Wunderbar! dachte ich.) Der Dritte, klein und rundlich, sehr sauber gekleidet, ich hätte ihn für einen Buchmacher oder so was gehalten, meint kurz: „Proppen!" Also rekapituliere ich im Geist: „Frettchen, Häkelhaken, Proppen!" und – das kommende Feuilleton läßt sich gut an …

Frettchen erzählt mir in gedämpftem Ton, daß die beiden anderen, die Israeliten, Einbrecher seien, er aber sei Zuhälter, der bereits drei Jahre Zuchthaus wegen Heiratsschwindels verbüßt hätte. Als er von drei Jahren spricht, bin ich ganz Ohr. Frettchen führt in der Gesellschaft das große Wort. Was weiß er alles vom Hungertyphus in Plötzensee zu erzählen, von all den Eigentümlichkeiten in diesem großen Zuchthaus … „Halt, Frettchen!", unterbreche ich ihn, „das alles mußt du mir an einem anderen Ort erzählen, wenn wir ungestört zu Zweien sind!" Das ist ja, jagte es durch mein journalistisches Gehirn, ein ganzer Roman. Daraus läßt sich eine ganze Feuilleton-Serie schinden. „wo können wir uns morgen sehen?" – „Ja, sagn wa, Kaffee Fürstenhof, nachmittachs um dreie!"

Erich, der den Spitznamen „Streuselkuchen" führt, lachte hinter mir her …

Tags darauf warte ich im „Fürstenhof" auf Frettchen. Er kommt nicht. Nach einer Stunde Wartezeit gehe ich. Wütend. Zum erstenmal, daß mich ein Ganove aufsitzen gelassen hat. Na, warte Frettchen!

Fast hatte ich schon das Intermezzo vergessen, da treffe ich, etwa eine Woche später, in einem Kabarett in Berlin C. Häkelhaken, der mir, verlegen lächelnd, die Hand bietet. „Häkelhaken!", rufe ich ganz erfreut. Der aber legt einen Zeigefinger an den Mund und sagt: „Bitte, nicht Häkelhaken, sondern Emil I...i, Besitzer eines Konfitüren-Geschäfts in der Prenzlauer Straße." – Ich weiche ganz erstaunt zurück: „Wie? Wiiieee??" – „Ja", kommt es schüchtern von den Lippen I.s, „wir hatten uns nur einen Scherz mit Ihnen erlaubt, das heißt, der Besitzer der Konditorei wollte an Ihnen Rache nehmen, weil Sie in einem Ihrer Artikel sein Lokal als ausgesprochenes Ganovenlokal hingestellt hatten. Da hatten wir uns verabredet, Ganoven zu spielen und Sie hinters Licht zu führen ..." – „Na, und der Zuhälter Frettchen?" – „Ist gar kein Zuhälter, sondern ein sehr tüchtiger Dentist mit ausgezeichneter Praxis." – „Und Proppen?" – „Hat ein großes Konfektionsgeschäft in der Landsberger Straße." – „Und ich selbst?" – Darauf blieb mir Häkelhaken aus Artigkeit die Antwort schuldig.

Was blieb mir übrig, als gute Miene zum bösen Spiel zu machen und mich damit zu trösten, daß so was auch dem ausgepichtetsten Kriminalisten hätte passieren können. Hat aber der Eis-Konditor Rache an mir genommen, indem er mich blau anlaufen gelassen hat, so nehme ich sie jetzt an ihm, indem ich dieses Feuilleton niedergeschrieben habe.

KASCHEMMENDÄMMERUNG

SAISON-BEGINN IN DEN BERLINER KASCHEMMEN

Der Chauffeur fuhr in die finstere Linienstraße ein. Gegenüber der Feuerwache sollte er halten. Stopp! Mein Freund Ernst Blitz, der in Berliner Ganovenkreisen große Verehrung und Liebe besitzt, und ich stiegen aus dem Auto. Ernst wendete sich an den Chauffeur: „Wenn Sie hier irgendwie belästigt werden sollten, sagen Sie, daß Sie mit mir fahren. Dann wird man Sie in Ruhe lassen."

Der Chauffeur nickt. Wir gehen über den Fahrdamm.

Gott grüße dich, edler Karl, Spanner vom Linienkeller, der auch „Blauer Strumpf" heißt. Warum er so heißt, weiß niemand. Genug, er heißt so. Karl steht, auf einen Stock gestützt, neben der Kellertür. Als er Blitz sieht, erschrickt er einen Moment. „Ne, ne", sagt der, „ich komme heute als Privatmann. Du brauchst nicht zu signalisieren! Warum stehst du denn am Stock?"

„Det is von wejen de Jrünen. Die hatten uns wieda mall eenen Besuch jemacht. Und da bin ick gefalln und habe mir det Been vaschtaucht. Aba et is weita nischt schlimmet!"

Die alten, bekannten sechs Holzstufen hinunter. Es ist alles noch, wie es war. Halb zwei in der Nacht. Alles gerammelt voll. Hochbetrieb. Aber seltsam! Über allen den Menschen, die da an den nackten Tischen sitzen, lastet heute etwas Schweres, Ungewohntes. Die blonde Elly Beyer aus Bernau, sonst eine der Lustigsten und Ausgelassensten, hockt stumm und in sich gedrückt neben dem jovialen Sänger-Franz, der so gern und mit Stolz erzählt, daß er einst Sänger an der K.-Oper (wie er sagt) gewesen sei. Der sieht starr vor sich hin, gerade auf seine „Kalte Ente". Und „Onkel Hans", der Boost, eilt auf uns zu. Eifrig und dienstwillig wie immer, die Perle eines Boostes. Mit Mühe verschafft er uns zwei leere Stühle neben dem Geiger, der in der Zeit der Geldknappheit das Orchester zu repräsentieren hat. Und bleibt dann bei uns stehen und erzählt uns: „Ihr werdet staunen, daß es heute bei uns so still hergeht. Aber vor einer halben Stunde haben wir die Nachricht bekommen, daß sich gestern der Apachen-Adolf im Zellengefängnis in der Lehrter Straße erhängt hat. Wir alle haben den braven Jungen so lieb gehabt und drum haben wir schon heute für seine Beerdigung Kollekte gemacht. Er hat nämlich keinem Verein angehört, und da er auch nichts hatte, hätten sie ihn wie einen Hund verscharrt. Nun kann er wenigstens anständig begraben werden ...

„Was gibt es sonst Neues bei Dir, Onkel Hans? Wie gehen die Geschäfte?"

„Mieß! Mieß! Wißt ihr, wenn schon die Ganoven nichts mehr verdienen, wer soll verdienen? Der Popel-Adolf darf nicht mehr rein, da sich zu viel Gäste über den Abgang ihrer Brieftaschen und Geldbörsen beschwert hatten, und die Koks-Sonja ist vor drei Tagen nach Dalldorf, um dort eine Entwöhnungskur zu machen."

„Und wo ist Hedwig mit der kalten Hand?"

„Die kommt bald wieder. Sie macht ihre letzten Tage in Barnim ab."

„Onkel Hans, ich sehe so viele fremde Gesichter hier. Lauter Leute in feiner Schale. Was sind das für Gesellschaften?"

„Stubben, lauter Stubben. Kurfürstendamm und so. Die haben sich bei mir eingenistet, um Ganoven zu sehen. Die Großen besuchen die Kleinen. Hast du denn nicht die Autos oben gesehen?"

„Aber doch, ich wunderte mich schon darüber!" Vier Privatautos vor dem „Blauen Strumpf"? Das hat doch die Welt noch nicht gesehen!"

„Ich pfeife auf die Gesellschaft! Die verdrängeln mir man bloß meine lieben, alten, guten Freunde!"

„Ja", wirft hier die fidele Kognak-Betty ein, die mit uns am gleichen Tische sitzt, „und man hat noch nich mall wat von se! Wenn die eene „Kalte Ente" schmeißn solln, denn iebalegen sie sichs erst schtundenlang. Meenste nich, kleene Erna?"

Die kleine Erna ist ein allerliebstes Mädel. Ein feines Gesichtchen mit schönen, sanften, mandelförmigen Augen. Dieser Augen wegen hat sie mein Freund Blitz auch die „Japaner-Erna" getauft.

Onkel Hans wendet sich wieder zu mir: „Weißt du auch, daß ich dich, bevor ich erfuhrt, wer du bist, für einen galizischen Taschendieb gehalten habe? Ich bin doch ein ganz guter Menschenkenner, aber man darf eben nichts auf die Physiognomien geben."

Ich hatte kaum Zeit, mich bei Onkel Hans für das Kompliment, das er mir gemacht, zu bedanken, da rief Sänger-Franz über den Tisch zu mir herüber: „Manischtane haleilo haße. Det vastehste doch, Leo? Der Goj da neben mir meent, et weere Arabisch ..."

Ei, ei, wer tommt denn da? Alle Blicke richten sich nach der niederen Tür, durch die „Albert" mit einem Riesenweib, der „Stiefletten-Else" den Raum betritt. Sie kommen aus einem Nachtcafé, das im „Bädecker" als „Treffpunkt der Lebewelt" bezeichnet ist. Obschon man im Linienkeller an Erscheinungen außergewöhnlicher Art gewöhnt ist, erregt das Erscheinen Stiefletten-Elses doch immer wieder Aufsehen. Else befindet sich noch in Berufskleidung. Sie ist tief dekolletiert, und dieses Dekolletée ist es, das ihrer Trägerin besonderen Wert verleiht. Wenn ich Else so betrachte, bangt mir um Albert, um Franz, um Paul, um Hermann ...

Ich könnte hier alle existierenden Männernamen aufzählen, aber ich möchte weder Albert, noch Franz, noch Paul eifersüchtig machen.

Vom „Blauen Strumpf" aus begeben wir uns ein paar Häuser weiter, in die „Katakomben". Dort ist schon alles „blau". Boost, Boostin, Hinausschmeißer und die Gäste. Fine, ihr Hündchen auf dem Arm, erzählt vom Apachen-Adolf. Was der für ein lieber, prächtiger Kollex* gewesen sei. Kraft für zehn hätte er besessen, aber den Sinn eines Kindes habe er gehabt. Ein Schneider hätte ihm zwei Backpfeifen geben können, und er hätte sich noch nicht einmal gerührt…

Wir tauschten die „Katakomben" mit dem „August-Keller" ein. Auch in ihm herrscht – es ist mittlerweile vier Uhr morgens geworden – lebhaftes Treiben. Der Zitherspieler intoniert: „Wo hast du denn die schönen blauen Augen her" – und „Salome" tanzt. Salome ist ein „Er", der allerdings nur einen Schleier besitzt, diesen aber zu allen möglichen Arrangements benutzt. Zu seinen glühendsten Bewunderinnen zählt Lotte vom National, der ich zurede, doch einmal an das Abfassen ihrer Memoiren zu denken. Lotte könnte dies tun, da sie bereits in allem über der Situation steht. Weißmann, der erfahrene Boost, übrigens eine grundgemütliche Haut, beklagt sich darüber, daß eine seiner „Kanonen", der Sport-Matador Karl Schiemann, der Boxer-Karl, seit längerer Zeit seinem Lokal fernbleibe. Dann erzählte er mir, daß er den Plan habe, sämtliche Räume des August-Kellers kunstvoll ausmalen zu lassen. Die weißen Flächen seien schon vorhanden, auf denen alle Verbrechen, die das Strafgesetzbuch kennt, zur malerischen Darstellung gelangen sollten. Ich empfehle ihm für diese reizvolle Arbeit meinen Freund

* Ursprünglich ein fliegender Händler, hier wohl eher im Sinne von „Zeitgenosse"

Conny, der in den geforderten Dingen immerhin einige Erfahrungen besitzt.

Lange bevor Lotte den August-Keller verließ, hatte der Hahn gekräht.

„Vergessn Se ooch den armen Schpanna nich!“, hatte der Mann draußen vor der Tür gesagt. Dann war die Sonne aufgegangen …

IN MOABITER KASCHEMMEN

Jeder Stadtteil Berlins ist – wenn ich so sagen darf – nach Schema F organisiert. Die Kultur hat für bestimmte Einrichtungen allgemein gültige Gesetze erlassen, die Staat und Gemeinde als sogenannte Mäzene der Kultur zu respektieren haben. Jeder Stadtteil hat seine Kirchen, seine Schulen, seine Gerichtshäuser und seine Badeanstalten. Und was die Obrigkeit begonnen hat, setzt der Staatsbürger als ein für sein und der Allgemeinheit Wohl bedachtes Individuum fort. Um mich kurz zu fassen: Wirtshäuser gibt es auf der ganzen Welt, unter ihnen natürlich auch die Kneipen, in denen die zusammenkommen, denen alle Strafanstalten und viele Kinotheater ihre Existenz verdanken: die Verbrecher.

Nun gibt es – und darauf möchte ich schwören – in Nichtverbrecherkreisen – und ich glaube, daß es selbst heute noch solche gibt – Leute, Angehörige besserer Familien, die glauben, daß nur der Osten und Norden das Privileg genießen, Verbrecherkaschemmen zu beherbergen. Dieser Glaube, so fromm er ist, ist natürlich falsch. Hut ab vor der Rechtschaffenheit und Moralität des Berliner Westens, aber auch er, dieser vornehmste, reichste und keuscheste Stadtteil hat seine Lokale, in denen man nur nach Zahl und Schwere erlittener Vorstrafen geschätzt und gewürdigt wird. Und was dem Westen recht ist, ist dem Süden usw. billig. Auch Moabit, dem mit dem schönen biblischen Namen gesegneten Quartier.

Moabit hat, wie man weiß, für den Berliner schweren Jungen seine eigene Bedeutung. Denn in Moabit steht, bewacht von steinernen Löwen und Sipos aus Fleisch, Blut und Handgranaten, das Haus, von dem in manchem schönen Liede die Rede ist, und das der Bürger nur unter Aufgabe seiner glatten Haut zu nennen wagt: das Kriminalgericht. Da ich aber nicht die Absicht verfolge, ungemütlich zu werden, so will ich von diesem Hause schweigen und lieber die, die Lust haben, mich zu begleiten, in zwei Gastwirtschaften führen, die aufsucht, wer zumindest einmal in seinem Leben mit dem Staatsanwalt in persönliche Berührung gekommen ist.

Es ist typisch für die Psychologie des Verbrechers, daß er neben Weib, Wein (heutzutage muß es natürlich auch Bier tun) Musik und Schaustellungen über alles liebt. Ich wenigstens habe noch kein Verbrecherlokal gesehen, in dem sich nicht mindestens ein, wenn auch noch so übles Piano oder ein, wenn auch noch so verschnupftes Grammophon befunden hätten. Musike! Die will der schwere Junge haben, wenn er am Abend Hand in Hand mit der Liebsten im Stammlokal sitzt oder dort im Kreise seiner Getreuen (sprich: Kolonne) neue Erwerbsmöglichkeiten bespricht.

Dort, wohin ich im Moabiter Bezirk zuerst gelange, ist es auch so: ein schmetternder Tusch begrüßt mich. Auf hohem Podium thront die Kapelle: ein Klavierspieler, ein Pistonbläser, ein Geiger und ein Universalgenie, das das gesamte Schlagzeug virtuos beherrscht. Der Saal ist festlich dekoriert. Das heißt, was man so festlich nennt in der nördlichen Turmstraße. Man soll glauben, daß man sich irgendwo auf dem Lande befindet. In einem bayerischen oder rheinischen Dorf oder sonstwo, wo bäuerliche Ehrlichkeit und Biederkeit florieren. An den Wänden sind Lauben errichtet, Lauben aus Birkenzweigen, auf denen merkwürdigerweise und die gesamte Botanik auf den Kopf stellend, rosa Papierrosen erblühen. Hübsch war der Einfall, dem zu verdanken ist, daß quer durch das ganze Lokal ein Draht gezogen ist, an dem in neckischer Aneinanderreihung allerlei nützliches Hausgerät, wie Klosettbürsten, Regenschirme, Quirle, Kochlöffel, aufgehängt sind. Jede der Lauben trägt ihren besonderen Namen. Es gibt da eine „Laube für Arbeitsscheue", eine für „Schleichhändler", ein „Standesamt", eine „Seufzerlaube" und eine „Laube für heruntergekommene Millionäre".

Wer behaupten würde, daß das Publikum gemischt sei, bewiese dadurch einen empfindlichen Mangel an Stilgefühl. Ein ungemischteres Publikum ist selten zu sehen. Mein Gewährsmann – und d e r mußte es auf alle Fälle wissen – erklärte mir, daß ich mich unter lauter Einbrechern befände, und ich gestehe, daß ich mich bei diesem Gedanken wohl befand, denn ich liebe es, mich unter den Leuten zu bewegen, von denen man spricht. Ich stellte mit Vergnügen fest, daß Einbrecher ganz famose Menschen sind, die keineswegs um Gesprächsstoff verlegen sind. Da man erkannte, daß mein Freund und Führer der Kriminalpolizei angehörte, befliß man sich, Bemerkungen über die Notwendigkeit dieser Spezialbehörde zu machen. Aber diese Bemerkungen hatten durchaus keinen boshaften Ursprung. Im Gegenteil: man betrieb die Politik der Versöhnlichkeit. Ein junger Mann, der den Entlassungsanzug mit einer gewissen Vornehmheit trug, schwenkte sein Bierglas zu uns herüber, wobei auf seinem Unterarm die tätowierten Symbole der Liebe, der Hoffnung und des Glaubens zum Vorschein kamen.

Wir saßen gerade unter einer hübschen Holztafel, die durch Brandmalerei geschmückt war und auf der der sinnige Vers: „Wer die Wirtin kränkt, wird gehängt" zu lesen war. Zwischen den Tischreihen balancierte der Kellner, der die Phantasietracht irgendeines Bauernstammes trug, Bier- und Schnapsgläser. Ich will dieses biederen Menschen gedenken, denn er besitzt Humor. Als er zum Beispiel an einem Tisch einen Jüngling erspähte, der keinen Wert darauf legte, seiner augenblicklichen Herzensfreundin Küsse nur im geheimen zu geben, riß er ihn mit den Worten „Du, beiß ihr nich de Neese weg!“ aus der traumseligen Stimmung. Als er uns Bier servierte, tat er dies mit folgendem Ausspruch: „Zwee Jlaß Vollbier, een Prozent stärker als Spreewasser!“ Ach, dachte ich, wäre doch dieser Mann Feuilletonist geworden. Wie viele Schweißtropfen hätte er anderen ersparen können!

Mein Begleiter hatte sich, wie dies so beim Besuch von Restaurationen üblich ist, für ein Weilchen vom Tisch entfernt. Als er wiederkam, trug er ein kleines Paket in der Hand. Es war irgendein Gegenstand, der in Zeitungspapier gewickelt war.

„Das habe ich draußen gefunden. Raten Sie, was das ist.“

Als ich mein Unvermögen in hellseherischen und telepathischen Dingen eingestanden hatte, begann er, den Gegenstand aus seiner Papierhülle auszuwickeln. Und was kam zum Vorschein? Ein sehr sauber gearbeiteter Dietrich, den mein Begleiter als beschlagnahmtes Gut in seiner Tasche verschwinden ließ.

Endlich mußten wir daran denken, aufzubrechen. Unter den Klängen eines Foxtrotts. Und mitten durch die Reihen der Tanzenden. Die Birkenzweige an der Laube für Schleichhändler nickten uns wehmütig zu, und die Papierrosen schickten uns ihren seltsamen Duft nach.

Quer über die Straße hinüber. Dann noch ein paar Schritte an der linken Häuserkette. In einem Schaufenster hängen ein paar Photographien, die einen netten jungen Mann zeigen, der im Begriff ist, sich aus einer Zwangsjacke zu befreien. Über den Bildern ist ein Zettel angeklebt, auf dem zu lesen ist: „Gastspiel des einzig- und eigenartigen Entfesselungskünstlers Alberty“.

„Da drin ist es richtig“, lakonisiert mein Begleiter.

Knapp bevor wir eingetreten sind, ist ein Mäuschen blitzschnell in das Lokal gehuscht.

„Schon verpfiffen!“, meint mein Begleiter.

Als wir den Schritt über die Schwelle getan hatten, hatten sich die Gäste noch lebhaft unterhalten. Kaum aber, daß wir das Schankzimmer betraten, schwieg alles. Für einen Augenblick Grabesstille. Nur vom Büfett kam es her: „Je später der Abend, desto scheener de Jäste!“ Und dann, wie ein Echo darauf aus der linken Zimmerecke: „Wenn die meenen, det wa so dumm sind, irren se sich!“

Was uns aber nicht weiter störte. Hier arbeitete ein Telepath, der alle verborgenen Gegenstände aufzufinden weiß. Wenn ihm ein Experiment gelang, wurde er maßlos gefeiert. Die beiden Musiker tuschten, und der Kellner schleppte eine Lage Bier herbei. Nach dem Telepathen trat Alberty auf das Podium, Alberty, der einzig- und eigenartige Entfesselungskünstler. Er ließ sich russische, englische Polizeifesseln anlegen, die Fesseln der ganzen Entente, und entwand sich ihnen ohne Unterschied der Nationalitäten, wie man so sagt, im Handumdrehen. Er ließ sich in eine Zwangsjacke schnüren und spottete aller Riemen, die über seinen Körper fest zugezogen waren.

Das Publikum verharrte in sprachlosem Staunen. Ja, das war ein Kerl! Der imponierte, der hatte praktische Kenntnisse! „Justav“, sagte am Nebentisch ein junges Mädchen leise zu ihrem stumm dasitzenden Freund, „Justav, wenn de det ooch so kenntest! Du läßt dir aber immer fesseln, ohne dir im Wuppdich befreien zu können.“ – „Na“, antwortete Gustav gelassen, „denn fange dir doch lieber mit dem Entfesselungskinstla een Vaheltnis an. Ick halt’ dir nich!“

Draußen vor dem Lokal gingen zwei Sipos, die Mantelkragen hoch aufgeschlagen, auf und ab. Als Punkt halb zwölf die Lichter in der Schenke erloschen und die Musik jäh abgebrochen war, sagte einer zum andern: „Anständije Wirtschaft, die uff Vorschriften und Jesetz achtet!"

Freilich, wenn die guten Sipos ins Hinterstübchen der Herrschaften hätten sehen können, da wären die treuen, grünen Gesetzeshüter nicht beruhigt die Turmstraße hinuntergeschritten.

DER KASCHEMMEN-ONKEL AUF REISEN

Wenn ich hier feststelle, daß in den Köpfen junger Mädchen bisweilen romantische Ideen entstehen, so stelle ich bestimmt absolut nichts Neues fest. So kenne ich zwei junge Damen der besten Gesellschaft – es gibt noch eine solche in Berlin – die seit Monaten keinen brennenderen Wunsch hatten, als einmal in eine richtige Verbrecherkaschemme zu kommen. Der Papa, ein bekannter Industriedirektor, der selbst gern den einen oder anderen Abstecher in Ganovenlokale zu machen pflegt, setzte der Erfüllung dieses Wunsches lange hartnäckigen Widerstand entgegen. Aber seine Beharrlichkeit geriet allmählich ins Wanken, als er an jedem Morgen und jeden Abend das stets wiederkehrende „Papa, wann nimmst du uns endlich in eine Kaschemme mit?“ zu hören bekam. Nun zog der Papa meinen Freund Blitz und mich zu Rate: „Was tun? Es ist mit den Weibern einfach nicht mehr auszuhalten! Versage ich ihre Bitte, dann gehen sie am Ende allein los. Und das wäre noch schlimmer!“

Nach längerem Debattieren, während dem es zu vielen Pro- und Kontra-Erörterungen kam, wurde endlich zum Beschluß erhoben: die Mädchen gehen mit! Und daran knüpfte sich die weise psychologische Begründung: wenn die jungen Damen erst einmal in einer Kaschemme gewesen sind, werden sie den Geschmack an ferneren Besuchen verloren haben und – so dachte oder sprach der Papa weiter – ich werde endlich meine Ruhe haben …

Die beiden Mädchen zogen nach unseren Ratschlägen Regenmäntel über ihre Kleider und stülpten alte Hüte auf ihre Bubiköpfe. Um ihre abenteuerliche Stimmung noch zu erhöhen, zeigte nun Papa einen riesigen Armeerevolver vor: den nehme er mit, natürlich, man könne nie wissen … Den jungen Mädchen liefen zwei Gänsehäute über die schönen Rücken.

Zuerst, um nicht sofort mit beiden Füßen zugleich in den Sumpf des Verbrechens zu springen, besuchten wir das Café National, das einzige Lokal, das noch aus einer Zeit stammt, in der Berlin eine sündige Stadt gewesen sein soll. Ich kenne das Café seit mehr als zwanzig Jahren und habe in ihm stets nach Sünden gesucht. Einmal fragte ich sogar den Oberkellner Fritz nach ihnen. Aber auch der konnte mir keine Auskunft geben. In diesem Café saßen wir nun, wie eine Familie aus Kottbus, Ebers- oder Finsterwalde. Die beiden jungen Damen an unserem Tisch machten große Augen. Was sahen sie? Um sie herum saßen einige Mädchen im reifsten Alter, die sich teils mit, teils ohne Herren langweilten. Ihr Gähnen erstreckte sich bis über die Rücken, die leuchtend aus den diensterprobten Roben hervortraten. Einmal sprach eine ein Wort laut aus. Es hieß: „Doof!" Eine unserer Begleiterinnen hatte es neugierig aufgeschnappt: „Du, Papa, was heißt: Doof?" Der Papa räusperte sich: „Es heißt soviel, als „es ist nischt los!" – „So, danke!" – Pause. Die Musik spielt: Ich suche Titine. – Wir suchen auch. Aber nur unser Heil in der Flucht …

„Das war doch keine Kaschemme, Papa?"

„Nein, die kommt erst!"

„Wann kommt sie?"

„Bis sie da ist."

Mein Freund Blitz hat einen Einfall: „Die beiden Damen müssen sich Spitznamen zulegen!"

„Spitznamen? Was ist das?"

„Jeder Verbrecher hat seinen Spitznamen. Wer Kaschemmen besucht, muß einen haben."

„Ach, das ist riesig ulkig!"

„Warten Sie mal", sinniert Freund Blitz. „Ach, ich hab's schon! Sie, Fräulein Käte, heißen die Koks-Käte, und Sie, Fräulein Meta, die Flunsch-Meta. Einverstanden?"

Fabelhafter Jubel darob, der bis zum Oranienburger Tor andauert. Koks-Käte und Flunsch-Meta haben sich überraschend schnell mit ihren neuen Namen vertraut gemacht. Als wir in die finstere Linienstraße einbiegen, fragt Koks-Käte: „Du, Papa, hast du deinen Revolver noch?" – „Warum fragst du?" – „Ach, es ist so dunkel hier. Das ist das Verbrechen!" – „Nee, das ist der Magistrat von Berlin."

Der Spanner freut sich ehrlich, als er uns erkennt. Blitz und mich liebt er aus Gründen der Kollegialität, und der Industriedirektor gibt immer gute Trinkgelder. „Unten" ist es noch doof, denn es ist kaum ein Uhr vorüber. Wir okkupieren den Tisch neben dem Kachelofen, an dem man merkwürdigerweise Hüte und Mäntel aufhängen kann. Das ist, namentlich im Winter, eine ganz famose Einrichtung. Wir sitzen noch nicht lange, da kommen Gäste: ein betrunkener Chauffeur, ein anderes, nicht minder „blaues" Subjekt, das von seiner keifenden Frau begleitet wird, ein Mann mit einem Schlapphut, sonst aber ohne jedes „besondere Merkmal". Geiger und Zitherspieler beginnen ihre Tätigkeit. Der Hinausschmeißer nähert sich mit verdächtiger Langsamkeit dem randalierenden Chauffeur … Koks-Käte und Flunsch-Meta sitzen reglos. Sie erwarten das Große, Unerhörte. Sie zwingen sich, die „Kalte Bouillon", wie das Bier dort heißt, aus den Flaschen zu trinken. Sie wagen nicht, den Papa zu fragen, warum es keine Gläser gibt …

Die kleine Eingangstür erscheint gefüllt: Lotte erscheint in ihr, meine liebe, alte Freundin Lotte vom National. Sie umarmt mich und meint dabei, daß es mir gewiß nicht schaden könnte, etwas schöner zu sein. Nach dieser herzlichen

Begrüßung inspiziert sie meine Tischgesellschaft. „Den kenn ich und den auch, aber –" und hier bleiben ihre Blicke auf Käte und Meta haften – „wo habt Ihr Euch denn diese zwei Nutten angekratzt?" Schon hier fing es Käte und Meta an, unbehaglich zu werden. Sie glichen Puppen, die starr vor sich ins Leere sehen. „Nee", fährt Lotte fort, „das sind doch keine Strichmädchen! Die müßte ich doch kennen. Sie, Fräulein", wendete sie sich an Käte, „stehen Sie auch unter Sitte?" Blitz stößt mich unterm Tisch an und ich Blitz. „Na, warum antworten Sie denn nicht? Haben Sie ein Buch oder haben Sie keins?"

Die arme Koks-Käte wird im Gesicht blutrot. Sie macht schon Miene, aufzuspringen, wird aber von Meta noch zurückgehalten. Da mir Käte leid tut, wende ich mich an Lotte und flüstere ihr zu: „Um Gottes willen, halte doch deine Klappe! Das sind doch anständige Mädchen!" – Ach, meine Worte hatten nur den Zweck, daß sie Öl ins Feuer gossen. „Wat", rief Lotte, „anständje Meechen?" Und nun begann aus ihrem Munde ein Redeschwall, gespickt mit vielen Worten, die überall hinpassen, nur nicht in Damengesellschaft. Ich weiß nicht, ob Käte und Meta Sinn und Bedeutung dieser Worte verstanden haben, ich weiß nur, daß beide gleich aufsprangen und, geschützt von ihrem Papa, aus der Gaststube rannten: Nie wieder in eine Kaschemme!

Nach einer halben Stunde kam der Papa wieder.

„Ich glaube, daß wir unseren Zweck erreicht haben. Die Mädels gehen bestimmt in keine Kaschemme mehr!"

Und nun wurde es erst gemütlich: die schwarze „Apachenelse" kam und das lustige „Kullerauge" und Lotte war da und das blonde Fräulein mit den Bananen auch …

Und dann zogen wir noch nach dem Joachim-Keller, um dem Spanner Bäcker-August die „kalte Hand" zu drücken…

DAS KATHOLISCHE VIERTEL

Wenn der Wind nur nicht gar so eisig bliese. Aber seit neun Uhr abends hat es nicht aufgehört, zu pfeifen. Wir müssen uns, die Hände an den Hüten, jeden Schritt erkämpfen. Kriminalkommissar Dr. Anuschat hat den Kragen seines kurzen Jagdpelzes so hoch aufgeschlagen, daß man von ihm nur die rotgefrorene Nasenspitze sehen kann, und Kriminalwachtmeister L., ein braver, erfahrener Veteran auf dem Gebiete der Einbrecherverfolgung, wettert in seiner gutmütigen Weise, daß es nur so seine Art hat. So stolpern und tapsen wir durch die Gegend um den Schlesischen Bahnhof, die doppelt unheimlich erscheint, wenn es Nacht geworden ist und der eiskalte Wind durch die finsteren, menschengemiedenen Straßen fegt. Und doch, je unfreundlicher eine solche Nacht ist, um so freundlicher kommt sie dem Zweck unseres Abenteuers entgegen. Große Sachen, Dinge von Bedeutung haben wir eigentlich nicht vor. Die beiden Dreysepistolen des Kommissars und des Wachtmeisters ruhen wohlgesichert in den Taschen ihrer Besitzer. Was wir wollen, ist einzig und allein ein bißchen recherchieren: nach einem Mörder, von dem der Kriminalpolizei angezeigt wurde, daß er sich in der Nähe des Schlesischen Bahnhofes herumtreiben soll, nach ein paar Einbrechern, die hier Unterschlupf gefunden haben sollen, und nach diesem und jenem, was einem so während einer Nacht zwischen die Finger laufen kann.

So übel die Straßenbeleuchtung ist, hat man uns doch erkannt. Besonders den Wachtmeister L., der in dem Viertel einer der volkstümlichsten Leute ist. Man hat um den Schlesischen Bahnhof herum besonders geschärfte Organe und eine ganz besonders feine Witterung für die „Greifer". Darum schrecken die beiden Burschen, die, die Hände in den Hosentaschen, an einer Straßenecke stehen, plötzlich zusammen. Aber sie haben sich schnell wieder gefaßt und grinsen uns an, und als wir ein paar Schritte weiter sind, rufen sie uns etwas nach, dessen Sinn der Wind verschlingt.

Zu beiden Seiten des „Schlesischen" erheben sich die Reihen hoher Mietskasernen, die in ihren Erdgeschossen eine Anzahl von Schenken beherbergen. Aus ihren Schaufenstern und durch die dicht verhängten Glastüren brechen müde Lichtstrahlen armseliger Beleuchtung. Oft dient der Wind als pfeifender Begleiter zu den Klängen eines altersschwachen, verstimmten Klaviers oder zu denen eines Grammophons. An den Fassaden der Häuser entlang huschen weibliche Gestalten, um bald da, bald dort in einer der Schenken zu verschwinden.

„Zuerst gehen wir in die Hochburg der Einbrecher und Fledderer", raunt mir Kriminalwachtmeister L. zu. Die Hochburg! Wie stolz diese Bezeichnung klingen mag, wer das „Katholische Viertel" (diesen Namen führt nämlich der Stadtteil um den Schlesischen Bahnhof herum im Munde des Volkes, weil dort eine Anzahl von Polen haust) kennt, weiß, welche Art von „Hochburg" er hier zu erwarten hat. Und dennoch wird diese gewiß niedrig genug geschraubte Erwartung durch den Eindruck übertroffen, den man von dieser „Hochburg der Einbrecher und Fledderer" empfängt.

Ein enger Raum, in dem sich matter Lampenschein durch pestilenzialische Düfte quält. An rohen Holztischen Männer und Frauen, dichtaneinander gepfercht. Die an den Tischen keinen Platz gefunden haben, sitzen längs der Wand auf Stühlen oder gehen, soweit es der enge Raum gestattet, ruhelos umher. Hinter dem Schanktisch steht der Wirt, ein junger Mann mit tiefschwarzen Haaren und in einem Hemde von derselben Farbe. Zu seinen Füßen sind zwei Hunde angekettet, die sehnsüchtig nach dem Stück verschimmelter Wurst emporsehen, das als besondere Attraktion des Lokals über dem Büfett aufgehängt ist. Vor dem Regal, auf dem Schnapsfässer, Zigarrenkisten und sonstiger Kram aufgestapelt sind, hockt an einem runden Holztisch die Wirtin, eine polnische Frau, die teils mit den Gästen, teils mit den Hunden spricht. Wir haben uns Bier und Kognak geben lassen, und während wir trinken, katzbuckelt der Wirt vor dem ihm bekannten Beamten. Ja, sagt er leise, er sei stets zu Diensten der Polizei, und den Kerl, den ihm der Herr Wachtmeister vorhin im Bilde gezeigt habe, kenne er ganz genau. Daß er ein Mörder sei, habe er bei der heiligen Jungfrau nicht gewußt, aber er habe ihn vor einigen Tagen in der Langen Straße gesehen. Und wenn er ins Lokal kommen sollte, dann … Die armen Kerle, die keinen Platz finden können und doch so todmüde sind, streichen immerwährend um uns herum. Man muß sich hüten, mit ihnen in Berührung zu kommen, denn Läuse kennen keine sozialen Unterschiede. Dabei starren einen diese Leute aus ihren schiefen Augen so seltsam an. Es ist Falschheit in diesen Blicken und zugleich eine Anklage und ein Schuldspruch über uns.

Hinter dem Gastzimmer liegt ein Schlafraum. Drin stehen vielleicht zwölf bis fünfzehn Pritschen ohne Polster und Decken. Nach einer Waschgelegenheit wird man vergeblich suchen. Wozu auch? Wo doch das Waschen hier eine völlig unbekannte Sache ist. In diesen Raum teilt sich, wer das Schlafgeld von fünf Mark aufbringen kann. Es waren, als ich Gast dieses Elendsquartiers war, ungefähr vierzig Menschen: Männer, Frauen, Kinder. Vierzig Menschen und fünfzehn Pritschen! Besonderes Glück hat, wer in den Besitz einer Pritsche gekommen ist. Die anderen schlafen auf dem nackten Boden. Keine Streu, kein Fetzen, in den man seinen armen, abgeschlagenen Leib einwickeln kann. Männer, Frauen, Kinder ... Die Hochburg der Einbrecher und Fledderer! Verbrecher sind es, die Teile dieser zu Klumpen geballten tiefsten und bittersten Armut sind. Ich denke daran, daß man die Gesellschaftsunterschiede aufheben will und darauf bedacht ist, dem Kapitalismus zu Leibe zu gehen. Und denke an die Verbrecher, die Millionen erräubern, die in den Bars des Westens tanzen und – heidi! – die Sektpfropfen springen lassen. Und sehe hier die elendsten Menschen, die auch Verbrecher sind, Verbrecher aus dem Drang nach einer Brotkruste, nach einem Nachtlager in Gesellschaft des häßlichsten Ungeziefers ...

Da heißt eine andere Kaschemme „Zum gemütlichen Sachsen". Drin machen ein paar schwere Jungs Boxversuche. Oft mengt sich eins der Mädel zwischen die Kämpfer. Eins der Mädel, die von der Straße kommen, durchfroren und abgehetzt, um sich für ein paar Minuten zu erwärmen und auszuruhen. Wenn sie die tätowierten Arme der Burschen umfassen und sie in die Höhe zu wirbeln suchen, dann kreischen sie auf. Und dann stürzen die Kinder des Wirts, ein etwa siebenjähriges Mädchen und ein zehnjähriger Junge, dazwischen, um das Mädel aus den Händen des Boxers zu befreien.

Und ein Kabarett. Das älteste und bedeutendste am Platze, wie der Herr Direktor stolz erzählt. „Wir haben sogar eine Nackttänzerin engagiert!"

„Ich zeig das Bein, ich zeig den Fuß,
sagt, ist das nicht ein Hochgenuß?"

Die Gäste sitzen und horchen in Atemlosigkeit. Daß sich „Polente" unter ihnen befindet, stört sie nicht. „Et jibt ja heute keene Razzia!" –

IM BERLINER VERBRECHERVIERTEL

DIE MÜNZE

Links vom Alexanderplatz dehnt sich Berlins Verbrecherviertel aus. Von hier aus erstreckt es sich über das „Scheunenviertel" (das erst vor wenigen Jahren fast völlig demoliert worden ist) bis zum Schlesischen Bahnhof. Ein Gewirr von Straßen und Gassen, in denen sich nur der Wohlvertraute mühelos zurechtfinden kann. Man denke nun ja nicht, daß sich in diesen Straßenzügen das Vorhandensein irgendwelcher verbrecherromantischen Spuren bemerkbar macht. Die Stadt Berlin hat sich gegen jede Art von Romantik verschworen, und so begegnen wir auch im Verbrecherviertel nichts als jener sauberen Nüchternheit, die zum Typus Berlins geworden ist. Die Straßen sind fast alle breit, der Fahrdamm asphaltiert und die Häuser: Charakter Mietskasernen. Auf allem, was wir zu sehen bekommen, ruht der Stempel der Kleinbürgerlichkeit. Rinaldo Rinaldini war eine schöne Zeit, in der Berliner Verbrecherstadt merkt man nichts von ihr ...

Die Hauptverkehrsader des Viertels ist die Straße, die von den Kriminalpolizisten kurz „die Münze" genannt wird. Eine Straße voll Leben und Bewegung, in der auch heute noch, in der stark vorgeschrittenen Kriegszeit, ein Wagen dem andern folgt und sich auf den Bürgersteigen die Massen der Fußgänger drängen. Ein Laden reiht sich an den anderen, und wenn die Dämmerung hereinbricht, dann flammen die Lampen und Lichter vor den Geschäftslokalen, Wirtshäusern und Kinos auf, um die Straße mit ihrem Schein taghell zu erleuchten.

Als ich einmal einen Fremden in diese Straße brachte und auf ihre Bedeutung hinwies, war er mehr als erstaunt. Nichts hätte ihn vermuten lassen, daß er sich in einer Straße aufhielte, in der die Kriminalpolizei die besten Griffe zu machen pflegte. „Ist es möglich?!", rief er ein um das andere Mal aus. Und er wäre wohl nie von der Richtigkeit meiner Worte überzeugt worden, wenn ich ihn nicht auf die Gesichter vieler uns Begegnender aufmerksam gemacht hätte und auf die äußere Ausstattung der Kinotheater, auf den mit billigsten Mitteln erzeugten Glanz und Prunk, der darauf berechnet war, die Gemüter der Naivsten, und das sind in diesem Sinne auch Schwerverbrecher, zu erregen. Gewiß, die „Münze" macht es einem nicht allzu leicht, ihren Charakter zu erkennen, und man muß schon ein geübtes und geschärftes Auge haben, um ihren wahren Kern zu entdecken.

Als besonders lohnend erweist sich ein Spaziergang durch die „Münze", wenn man ihn in Begleitung eines so erprobten Fachmannes macht, wie es Kriminalkommissar Metelmann ist. Ich möchte fast sagen, daß mein Begleiter, der sich mir in liebenswürdiger Weise zur Verfügung gestellt hatte, jeden Stein der „Münze" kennt.

Wir drangen zuerst in die dunklen Räume des Kinos ein, die neben den Speise- und Trinkhallen die besonderen Anziehungskräfte dieser Straße bilden. Durch grelle Plakate, auf denen blutrünstige Szenen aus den zur Vorführung gelangenden Films abgebildet sind, und durch Lichter hinter buntgefärbten Gläsern verleiten sie die Vorübergehenden, stehen zu bleiben und sich zu einem Besuch der „Kunststätten" zu entschließen. Hat man eins dieser Kinos besucht, dann hat man die gleichen Eindrücke, wie wenn man durch alle gewandert wäre. Es sind zumeist langgestreckte Räume, in denen sich früher Gastwirtschaften und Kaufmannsläden befunden haben. In jedem befindet sich ein Schanktisch, an dem Bier, Schnaps und Zigarren zu haben sind. Jedes dieser

Kinos verfügt auch über einen „Erklärer“, der die flimmernden Bilder mit erläuternden Worten begleitet. Ist ein Film abgeschnurrt, dann werden die Lampen aufgedreht und die Seitentüren, die stets auf einen engen, übelriechenden Hof hinausgehen, geöffnet. Und dann hat man auch Gelegenheit, die Stammbesucher dieser Vergnügungslokale kennenzulernen: alle jenen blassen, halbwüchsigen Burschen, die das Haar wirr in die Stirn tragen und statt des Kragens ein dickes Tuch um den Hals geschlungen haben, und die Mädchen mit den abgezehrten Gesichtern, aus denen die Augen kalt und frech in das Leben schauen.

Die Kinos in der „Münze“ werden bereits um 10 Uhr morgens geöffnet und bis zum Schlusse der Polizeistunde offen gehalten. Mein Begleiter, der viel Mühe und Zeit auf das genaue Studium des Wesens und Treiben in diesen Theatern des kleinen Mannes aufgewendet hat, ist der bestimmten Ansicht, daß diese Lichtspieltheater besonders dazu geeignet sind, jugendliche Personen – und es ist besonders die Jugend, die solche Stätten aufsucht – auf die Verbrecherlaufbahn zu lenken. Gerade der Umstand, daß diese Kinematographentheater bereits morgens geöffnet werden, verführt jugendliche Personen dazu, ihre Arbeitsstellen aufzugeben und sich in den Theatern aufzuhalten, die im Winter gleichzeitig als Wärmehallen benutzt werden. Es ist, meint Kriminalkommissar Metelmann, selbstverständlich, daß die dunklen Räume dazu anreizen, Liebesverhältnisse anzuspinnen, und die Möglichkeit bieten, Gegenstände, die aus Schanklokalen, Schaufenstern und Schaukästen gestohlen wurden, unter einander zu verhandeln. Auch die Art des Films, die in diesen Unternehmungen zur Vorführung gelangen, sind keineswegs dazu angetan, als Bildungsquelle für die heranwachsende Jugend des Proletariats zu gelten.

Wenn auch die gefährlichsten Stücke von der Polizeizensur gestrichen worden sind, wirken auf die Dauer auch an sich harmlose Stücke, die aber doch alle eine gewisse einseitige Tendenz tragen, verwirrend. „Eine der Hauptpersonen in den Filmstücken", führte Kommissar Metelmann weiter aus, „ist stets der reiche Graf, der sein Leben natürlich in vollen Zügen genießt und sein Geld sich dadurch verschafft, daß er Schecks ausschreibt und die Arbeit überhaupt nicht kennt. Es ist begreiflich, daß die Zuschauer dann auch einmal solche Genüsse kennen lernen wollen. Um wenigstens für kurze Zeit den „Grafen" spielen zu können, werden Einbrüche verabredet und ausgeführt und das hierbei erbeutete Geld hierauf in der unsinnigsten Weise verpraßt. Den Besuchern, die zum großen Teil obdachlos sind, werden Kaviar- und Lachsbrötchen zum Kauf angeboten, die denn auch ihre zahlreichen Abnehmer finden. Hätten die Besucher des Kinos nicht von ihrem Grafen gesehen, wie „feudal" man leben kann, sie wären nie auf den Gedanken gekommen, sich Genüsse zu verschaffen, die ihrem Stande nicht zukommen."

„Eine weitere beliebte Person der Kinostücke", erzählte mir mein freundlicher Führer weiter, „ist das arme Fabrikmädchen, das von einem Reichen verführt wird. Später wird sie auf die Straße gestoßen, um dem Laster anheimzufallen. Hierdurch werden die Gefallenen durchweg als tragische Persönlichkeiten hingestellt, und ebenso werden die Verbrecher, die hinter Schloß und Riegel schmachten, verherrlicht. Die Arbeit wird in den Dramen des Kinos lediglich als Mittel zum Gelderwerb hingestellt, niemals wird sie als sittliche Pflicht empfunden. Es ist daher nicht zu verwundern, daß dem Mittel, das nur allmählich zum Wohlstand führen kann, andere Mittel, die schneller zum Gelderwerb führen, vorgezogen werden. Die Detektiv- und Verbrechergeschichten, in denen die Schlauheit und Gewandtheit der Verbrecher indirekt verherrlicht werden, sind in allen Kinos sehr beliebt."

Also erzählte mir Kommissar Metelmann mit leiser Stimme, während wir, von dichter Dunkelheit umgeben, die Vorgänge des zweiaktigen Dramas „Die Räuber", das sich vor uns auf der Leinwand abspielte, verfolgten. Die atemlose Stille im Raum wurde nur durch die Stimme des „Erklärers" unterbrochen, der ruhelos im Seitengang auf- und abwanderte: „Hier sehen Sie, meine Herrschaften, den Räuber, der sich wildrollenden Auges an sein Opfer heranschleicht. Schon faßt seine Hand nach dem verborgen gehaltenen Revolver, da ..."

In unmittelbarer Nähe der „Münze" befindet sich die Pfandkammer und die Volksspeisehalle, in der Berliner Verbrecherwelt „Café Dalles" genannt. Vor beiden Lokalen stehen Gruppen von Männern, die nichts weniger als vertrauenerweckend aussehen.

„Im Café Dalles heißt es etwas vorsichtig sein. Halten Sie sich dicht an mich. Die Kerls stellen einem manchmal Beine, über die man, ob man will oder nicht, stolpern muß!"

Unser Besuch im Café Dalles ist gefahrlos verlaufen. Man begrüßte uns zwar zuweilen mit Blicken, die keine besondere Liebe verrieten, sonst aber begnügte man sich, die vollgehäuften Schüsseln zu leeren, die da für wenige Pfennige zu haben sind. Ich habe diesen Ort weniger als Stätte des Schreckens, als vielmehr als Stätte grenzenlosen Elends empfunden. Gewiß, es mag unter diesen Männern wilde und verwegene Patrone geben, die für Geld zu allem zu haben sind, die meisten aber schienen mir gebrochene Opfer ihres Schicksals zu sein, vom Glück Enterbte. –

PLÜNDERER

Ein typisch grauer Novembertag. Eine Straße des Westens, die auf einen Platz mündet. Auf dem Platz steht der Sipoposten: ein Mann, der gelangweilt auf und nieder geht, die Hände in den Manteltaschen vergraben und den Tschako ins Genick geschoben. Die Straße selbst sieht wie alle Tage aus. Sie ist von einigen Fußgängern, den selten gewordenen Straßenbahnwagen und den dahinrasenden Privatautos belebt. Da kommt plötzlich auf einem der Bürgersteige ein Trupp junger Burschen, achtzehn bis zwanzigjährige Jungen, die Mützen auf den Köpfen und wollene Tücher um die Hälse geschlungen tragen. Sie haben den schweren, schleppenden Gang, der doch mit einer gewissen Nonchalance verbunden ist. Drei von ihnen, im ganzen sind es acht, qualmen Zigaretten. Während sie dahintrotten, lugen ein paar nach der Polizei aus, die andern prüfen den Inhalt der Schaufenster der Läden, die sie passieren.

Die paar Passanten, die dem Trupp begegnen, bleiben stehen und gaffen die Jungen an, die ihren Mund zu breitem Grinsen verziehen und einen sehr kessen Eindruck machen wollen. Ein älterer Mann, anscheinend ein Arbeiter, stellt sich ihnen in den Weg und fragt sie in jenem familiären Ton, den Proletarier untereinander anschlagen, wohin sie denn gehen.

„Det siehste nich, olla Affe?“, antwortete der Junge, der an der Spitze des Zuges geht, „plindan jehn wa!“ Und in parodistischem Klageton setzt er hinzu: „Weil wa Hunger ham!“

Der Trupp ist vor einem kleinen Bäckerladen angekommen, in dessen niedrigem Schaufenster sich zwei Brote und ein paar Semmel befinden, die in Berlin „Schrippen“ genannt werden. Die Spitze des Trupps, drei Burschen, öffnen die Ladentür und treten in das Geschäft, während die anderen fünf vor der Tür Posto fassen, um teils „Schmiere zu stehen", teils den Wünschen ihrer Genossen im Laden mehr Nachdruck zu verleihen. Während die Burschen im Laden unter der Ware ihre Auswahl treffen, erscheinen, angelockt durch die kleine Menschenansammlung, die Besitzer der Nachbarläden vor den Türen: Der Raseur mit seinen Gehilfen, der Schuhmacher, der Droguist. Sie beobachten alle die Vorgänge in und außer dem Bäckerladen, aber es fällt keinem von ihnen ein, die Bäckersfrau gegen die Erpressungen in Schutz zu nehmen. Es ist, als ob sich die bedrohte Frau nicht in einer Hauptverkehrsstraße Berlins, sondern mutterseelenallein auf weiter Flur befunden hätte. Auf die Hilfe seiner Mitmenschen kann man in Berlin in diesen Zeiten nicht mehr rechnen.

Die Burschen verlassen den Laden, große Kuchenstücke in den Händen, in die sie herzhaft einhauen. Sie teilen ihre Beute ungeniert mit den wartenden Genossen, dann geht es ein paar Häuser weiter, in ein Delikatessengeschäft. Drin sind vier Verkäufer in blendend weißen Jacken, aber keiner von ihnen wagt auch nur den Mund zu öffnen, als die Jungen mit ihrer stereotypen Visitenkarte: „Wa ham Hunger! Seid jutwillich, oda wa dreschen allet kurz und kleen!" eintreten. Die Burschen nehmen Würste, Käse, Sardinen, Südfrüchte und Schokolade: soviel sie nur schleppen können. Als Quittung sagen sie nur: „So, det hett'n wa jeschafft!" Dann drücken sie sich hinaus, und die Verkäufer lassen hinter ihnen die Rolläden der Schaufenster hinunter und verschließen und verriegeln die Tür. Die Jungen ziehen weiter ...

Auf dem Platz aber, ein paar Schritte weiter, steht der Sipoposten, ein Mann, der gelangweilt auf und nieder geht, die Hände in den Manteltaschen vergraben und den Tschako ins Genick geschoben ...

Das waren die „sanften" Plünderungen in Berlin.

Im Berliner Scheunenviertel. Um den Alex herum. Die Heimat der Ganoven und der polnischen Juden. Münz-, Dragoner-, Grenadier-, Weinmeisterstraße. Auch zu gewöhnlichen Zeiten tagsüber von drängendem Leben erfüllt. In diesen Tagen aber fast unpassierbar. Auf Fahrdämmen und Fußsteigen ein Menschenknäuel. Leib an Leib. Es liegt etwas in der Luft. Keiner weiß noch recht, was es sein wird. Man erwartet ein Anfangssignal, den Anlaß zu irgendeiner Sache. Das Reden der Tausende, die sich dort durch die Straßen schieben oder sich schieben lassen, wird zu einem dumpfen Rollen. An der Ecke der Grenadierstraße stehen ein paar Kaftanträger, die mit bangen, melancholischen Augen in das Gewirre starren. Sie drücken sich scheu an die Häuserwände. Die Vorüberdrängenden regalieren sie mit rohen Witzen, aber das sind sie gewöhnt, die Bewohner der Grenadierstraße. Wenn nur nichts Schlimmeres kommt.

Da steht auch so ein Paria mit einem langen schwarzen Bart, der ein blasses Gesicht umrahmt, aus dem die Backenknochen stark hervorragen. Und dieser Kerl hat den unglückseligen Einfall, so gut er das in der qualvollen Enge zu tun vermag, in die Brusttasche seines schmierigen Rockes zu greifen und daraus eine Handvoll kleiner ausländischer Geldscheine zu ziehen und den Nächstbesten am Rock zu fassen und ihn zu fragen:

„Wollen der Herr ‚Böß-Dollars'* verkaufen?"

Diese rasche, bang hervorgestoßene Frage, mitten in dem dumpfen Rollen von tausenden noch gezähmter Stimmen war das Anfangssignal, der Anlaß zur Sache. Der, den der Jude angesprochen hatte, war stehen geblieben, hatte ihn mit einer höhnischen Grimasse angesehen und dann den weithin schallenden Ruf ausgestoßen: „Hier ist ein Itzig, der uns das Blut

* Der von 1921 bis 1929 amtierende Berliner Oberbürgermeister Gustav Böß bemühte sich um eine Aufbesserung der Stadtfinanzen durch amerikanische Auslandsanleihen.

aussaugen will!!!“ Und blitzschnell hatte er dem Polen das Päckchen Geldscheine aus der Hand gerissen und da schrie und gellte es auch schon: „Schlagt'n tot, den Juden! Schlagt sie tot, die Juden!“ Und das geschah alles so schnell, daß man es gar nicht denken konnte. Fäuste erfaßten den Polen, Fäuste schlugen ihm in das blasse, melancholische Gesicht, Fäuste rissen ihn an den Haaren, gierige Hände verkrallten sich in seinen Lumpen und rissen ihm die Kleider vom Leibe: den Rock mit den Devisen, die Weste mit Uhr und Kette, die Stiefel herunter, die Socken herunter. „Schlagt sie tot, die Juden!“ Und aus allen Nachbarstraßen kommt es einhergewälzt und alles, alles in die Grenadierstraße hinein. Stöcke fallen in die Scheiben der Schaufenster, erbrochene Türen krachen, genagelte Militärstiefel stampfen gegen schnell geschlossene Haustore. „Schlag sie tot, die Jugend!“ Schon sind die Stimmen vom Gebrüll heiser geworden, da gellen Weiberschreie in einer fremden Sprache. Die schaffen eine Sekunde Stille. Da tönt Kinderwimmer in sie hinein. Dann wieder: „Schlagt sie tot, die Jugend!“

Ein jüdischer Schlächter hat das Hackbeil gegen die, die seinen Laden stürmten, gebraucht. Ein paarmal hat er es aufgerissen und irgendwohin niedersausen lassen. Ein wahnsinniges Heulen jagt auf die Straße hinaus: „Zu Hilfe, zu Hilfe, ein Jude erschlägt Christen!“ Und die Hilfe kommt. „Wo? Wo?“ – „Dort!“ – – „Hier!“ Übermacht stampft in den Laden. Schwerverwundet sinkt der Schlächter zu Boden.

Blut, Kleiderfetzen, Glasscherben, Trümmer …

Autohupen. Die Sipos kommen! Grüne auf den Lastautos. Sie springen herunter, drängen die Massen zurück. Pistolen schußfertig in den Händen.

Die Polizei kam. Sie sah: Blut, Kleiderfetzen, Glasscherben, Trümmer …

Dann wurde das Scheunenviertel abgesperrt.

EIN ABEND IM SCHEUNENVIERTEL

Kriminalkommissar Dr. Anuschat, der Kriminalbeamte Bock und ich. Der Abend ließ sich scheußlich an. Es goß wie aus Kannen, und der ganze Alexanderplatz schwamm. Von dem ausgestreckten Arm der Berolina floß es in Strömen herab. Bei Aschiner staute sich, was dem Ertrinkungstod entrinnen wollte. Man schüttete lieber Bier in sich, als daß man sich vom Wasser beschütten lassen wollte. Die Kellner freuten sich und rechneten in ihrer Freude alles doppelt. Unter diesen Umständen zogen wir aus, um im Ganoven-Viertel etwas zu abenteuern.

Durch Zufall hatte ich vor ein paar Tagen erfahren, daß sich in der Grenadierstraße – bekanntlich das Berliner Ghetto – ein jüdisches Kabarett befinde, dessen Inhaber Moische Pflaumensaft ist. Daß mich schon allein der Name Pflaumensaft zum Besuch dieser eigenartigen Unternehmung reizte, wird man verstehen. Und wie es mir ging, ging es auch meinen Kriminalisten. Sie haben sozusagen die Grenadierstraße nebst freundlicher Umgebung in der Tasche, aber von Pflaumensaft hatten sie auch noch nichts gehört.

Was doch die Grenadierstraße bei solchem Regenwetter leer ist! Die Aversion der Bewohner dieser Straße gegen das Baden ist bekannt, und wenn das Wasser, das da niederplätscherte, auch aus der Richtung des Paradieses kommt, es ist doch naß und kalt! Also traf ich auf der Straße selbst keinen Menschen, den ich fragen konnte, in welchem Hause sich Moische Pflaumensafts Kulturinstitut befindet. Mußte also erst in ein Israelitisches Restaurant gehen. Die Wirtin, die stark nach Kolomea oder Przemysl aussah, antwortete mir: „Nun, da muß der Härr noch zwei Haiser ennuntergehen zum Pflomensaft." Wir gingen also noch „zwei Häuser hinunter" und richtig, da stand es auf den Scheiben einer Glastür: „Jüdisches Kabarett“. Also hinein oder besser – hinauf. Denn vier Stufen führten empor zum Heime Apolls in der Grenadierstraße.

In einem Vorraum, in dem Schanktisch und etliche Tische standen, betrieben ein paar schwarzbärtige Männer Geschäfte. Sie redeten lebhaft aufeinander ein und gestikulierten dabei heftig mit den Händen. Einen von ihnen fragte ich: „Wo ist das Kabarett?“ Er schien mich nicht zu verstehen. Ein anderer sagte: „Hinten, hin–ten.“ Wir betraten einen zweiten Raum. Bestimmt, hier war das Kabarett, denn es gab da ein Podium, auf dem allerdings, bis zur Decke getürmt, Stühle standen, und ein Pianino. Dann gab es in dem Zimmer noch großen Lärm. Denn auch hier befanden sich etwa vier Herren, die miteinander geschäftlich zu tun hatten. Was die augenblicklich zu verschieben hatten, konnte ich ihrer Debatte nicht entnehmen. Ich wandte mich an einen: „Wann beginnt die Vorstellung?“ – „Die Vorstellung, die Vorstellung? Nach Ostern beginnt se. Gestern war die letzte gewesen. Jetzt is Soff bis nach de Feiertag!“ – Enttäuschung. Und unverrichteter Dinge wieder in den Regen hinaus.

Kinos blitzten durch die Regenfäden. Sollen wir? Ach was, vielleicht später! Die Weinmeisterstraße ist ganz in der Nähe. Die Weinmeisterstraße! Der Bürger gänsebehäutet sich, wenn er nur ihren Namen hört. Das ist die Straße, die die Kriminalpolizei nach der Münz- und der Neuen Schönhauser Straße am zärtlichsten liebt. Denn in ihr gibt es immer was zu holen. Da ist zum Beispiel der Albert-Keller. Andere Lokale dieser Art nennen sich „Diele“. Aber in der Weinmeisterstraße ist man konservativ. Gott sei Dank! Der Albert-Keller heißt so, weil sein Besitzer so heißt. Mit dem Vornamen. Familiennamen werden bekanntlich in dieser Gegend überhaupt nicht ästimiert. Albert steht hinter der Theke. Albert ist patent. Schon ein älterer Herr. Mit eisgrauem Haar. Der könnte was erzählen, wenn er wollte! Aber er will nicht. Er ist verschwiegener als alle Gräber in Weißensee draußen. Und das will was heißen …

Das Extrazimmer ist gestopft voll. Drin wird Musik gemacht; eine Ziehharmonika und eine Fiedel. Für die gesangliche Begleitung sorgen die Gäste. Wir setzen uns im Schankraum an einen Tisch, der nahe der Tür ist. Man kann nicht wissen. Besser ist besser und sicher ist sicherer. Albert betreut den Bierapparat. Als einzige Delikatesse liegt auf einem Regal eine Apfelsine. Was will die einsame Orange … hätte Heine gesungen. Hier aber sang man:

„Schaff dir ein Mädchen an,
Det vill vadienen kann!"

Wir bestellten drei „kalte Enten". Das sind drei Flaschen Bier. Ein Jüngling und eine junge Dame setzten sich an unseren Tisch. Das Mädchen findet, daß die Männer alle nichts taugen. Der Jüngling blinzelt mir zu: Ob ich Mediziner sei, fragte er mich. „Nein, ich lasse die Menschen leben." – Er sei absolvierter Jurist, sagt er, und nur zu Studienzwecken da. Das Mädel faßt meine Begleiter scharf ins Auge: „Die mißte ich doch kennen!" Eine Weile denkt sie nach. Dann beugt sie sich zum Ohr des „Juristen" und flüstert ihm etwas zu. Der ist einen Moment erschrocken, dann lächelt er wieder. Sein harmlosestes Lächeln.

Unterdessen kommen Gäste, gehen Gäste. Eine dicke Trine lümmelt sich auf die Theke, läßt sich von Alberten ein Glas Bier einschenken und wickelt aus einem Zeitungspapier großmächtige Stullen aus. Albert möchte gern seine Orange los werden, aber keiner hat so viel Geld, sie zu kaufen. Schöne Zeiten das!

„Bis jetzt ham wa noch nischt ausjefressen", sagt das Mädel an unserem Tisch, „aba wenn't noch doller wird …" Der

Jüngling stuppt sie. „Ach, laß ma jehn! Du lebst doch nur von mich!" – Der „Jurist" lächelt wieder …

Gegenüber dem Albert-Keller ist ein Varieté. Da kostet es drei Mark Entree. Ein großer, grauer Saal, nur notdürftig erleuchtet. Das Publikum: schwere Jungens, Gestalten, denen man nachts nicht gern in einsamer Gegend begegnen möchte, die zu ihnen gehörenden Bräute, ein paar behäbige Frauen, einige Hunde. Auf der Bühne erscheint der Konferencier: ein hellblonder Jüngling in einem Frack, dessen enge Ärmel mit Sammet angestückelt sind. In der Krawatte trägt er eine funkelnde Brillantnadel aus Glas. „Silentium! Es kommt die Liedersängerin Fräulein Rosa. Ich bitte, die Dame mit Beifall zu begrüßen. Ich danke schön!" Er öffnet eine Landwandtür, und Fräulein Rosa erscheint: lang, bis zum Skelett abgezehrt. Sie hat ein Glasauge, das tief in der Höhle sitzt. Sie beginnt mit G'stanzeln:

„Der Herr da unten, der Lächelt so fein, Ich wette, der zahlt mir ein Gläschen Wein!"

Und richtig, dem es nicht eingefallen war, fein zu lächeln, er zahlt ein Gläschen Wein, das Rosa graziös auf der Bühne leert. Dann singt sie weiter:

„Der Herr da unten, der paßte zu mir, Ich wette, der zahlt mir ein Gläschen Bier!"

Die Ganoven lauschen den Vorträgen mit größter Spannung. Wenn es was Gepfeffertes gibt, dann wiehern sie laut auf. Neben mir hat einer ungeniert einen Pack Aktien aus der Rocktasche gezogen, die er stolz seinem „Kollex"* zeigt. Vor mir sitzt einer, zu dem tritt ein anderer und flüstert ihm etwas zu. Der steht auf, und beide verlassen das Kabarett. Die Uhr zeigt gerade elf. Mir schien, als ob da ein Einbruchsplan reif geworden wäre …

* Ursprünglich ein fliegender Händler, hier wohl eher im Sinne von „Zeitgenosse"

ZUM OLEANDERBAUM

BILDER AUS DER BERLINER VERBRECHERWELT

Eigentlich heißt das Wirtshaus, von dem ich nun erzählen will, nicht „Zum Oleanderbaum", sondern anders, wie man sich denn im vornherein darüber klar sein soll, daß alle Helden und Heldinnen, die im Rahmen dieser Schilderung auftreten werden, in Wirklichkeit andere Namen führen. Diese Umtaufen habe ich darum vorgenommen, weil ich beileibe nicht haben will, daß Leutchen, die mir ihr Vertrauen geschenkt haben, deshalb in Unannehmlichkeiten geraten sollen. Ihnen habe ich ja zu danken, daß ich eine gemütliche Nacht mitten unter Schwerverbrechern verleben durfte, und da wäre es zumindest undankbar von mir, wollte ich ihnen durch Preisgabe ihrer Namen Schaden zufügen. Sie brauchen also keine Angst zu haben, daß ich nicht „echt" sei.

Nach dieser kleinen moralischen Abschweifung begebe ich mich mitten in die Dinge. Im Winkel einer der wenigen Gassen, die von Alt- und Neu-Berlin gekommen sind, also ziemlich entfernt von jedem Stadtteil, den man das „Verbrecherviertel" zu nennen geneigt ist, liegt ein für Berliner Ewigkeitsbegriffe uraltes Wirtshaus „Zum Oleanderbaum". Es nimmt, sieht man von den Schlafräumen des Wirtes und seiner Familie ab, das ganze ebenerdige Häuschen für sich in Anspruch. Vor vielen, vielen Jahren soll der „Oleanderbaum" ein sehr achtbares Wirtshaus gewesen sein, in dem die Bürger der umliegenden Gassen gar gern beim Abendschoppen saßen und eifrig die neuesten Nachrichten der Gazette besprachen. Als aber in der Umgebung moderne Schanklokale errichtet wurden, die mehr Komfort boten als der alte „Oleanderbaum" mit seinen zweifelhaften Luft- und Lichtverhältnissen, da hatten die bürgerlichen Stammtischler ihr Lokal nicht mehr für vornehm genug gefunden und waren aus ihm sang- und klanglos fortgezogen. An Stelle der Spießerlein hatte sich der „schwere Junge" festgesetzt. Zuerst mögen ein paar Dirnchen der Gegend mit ihren Bräutigams gekommen sein und ihre Näschen in das geheimnisvolle Dunkel des „Oleanderbaumes" gesteckt haben. Und da man's dort hübsch gemütlich fand und die herrschende Dunkelheit in der niedrigen Wirtsstube aus bestimmten Gründen nur zu begrüßen war, hatte man bald im „Oleander" ein Standquartier errichtet. Der Ruf der famosen Kneipe verbreitete sich unter den Völkchen der Luden und Mullen rasch weiter, und es dauerte gar nicht lange, da hatte man einen Athletenverein gegründet, der sich der Behörde gegenüber als Lotterie- und Sparverein legitimierte, in Wirklichkeit aber ein Verein zur Frustifizierung weiblicher Reize war. Noch heute weisen die Wände der Gaststuben Photographien von Gruppen höchst feierlich gekleideter Männer auf, die alle mächtige Schnurrbärte in der damals gebräuchlichen „Es ist erreicht-Form" tragen.

Es war ein beträchtlich warmer Frühlingsabend, als meine beiden Begleiter und ich vor dem „Oleanderbaum" gelandet waren. Fenster und Tür des alten, schmalbrüstigen Gasthauses standen sperrangelweit offen; es war, als ob das greise Häuschen mit weitgeöffnetem Munde die zweifelhafte Frühlingsluft, die vom Staub der Hafenstraße voll war, in sich einatmen wollte. Mädchen erblickten uns. Sie saßen in dem engen Vorraum zur Gaststube. Sie saßen in einer Reihe, vom finstersten Winkel des Lokals bis hart zum Schwellenstein, und die hinterste mochte die vorderste um die frische Luft beneiden, die ihr durch den bevorzugten Platz an der offenen Tür zuteil wurde. Es waren die Bräute der Athleten, die Demimonde jener Gegend, die nicht nach der neuen Mode gekleidet gehen muß, um Bewunderung zu finden …

Unser Eintritt erregte keine Sensation. Für wen man uns hielt, weiß ich nicht, sicherlich aber nicht für das, was meine Begleiter waren. Der alte Schankwirt, der hinter der „Theke" gesessen hatte, war aufgestanden und gebot den Mädchen, den Eingang zum Gastzimmer freizugeben. Während wir uns durch die lenzdurstige Menge der freundlichen „Damen" drängten, gewahrten wir hinten am Büfett ein paar Kerle sitzen, Kerle, die einen ganz beträchtlichen Brustumfang ihr eigen nannten, Kragen für überflüssige Bekleidungsstücke halten und die typischen Seglermützen trugen. Das waren die Bräutigams der Mädchen. „Ganz schwere Jungen!", flüsterte mir einer meiner Begleiter ins Ohr.

Das Gastzimmer war leer. Billard, Klavier, die üblichen Tische, Bänke und Stühle. An der niedrigen Decke waren zwei Ringe angebracht. Die gehören eben in das Vereinslokal begeisterter Athleten. Die eine Wand, bedeckt mit Hunderten von Ansichts- und Feldpostkarten: Freundliche Grüße aus dem Schützengraben, aus Sonnenburg, dem Zuchthaus, aus der „Plötze" (Plötzensee), dem Gefängnis. „Wie jeht et eich allen? Ick befinde mir wohl …"

Wir sitzen, trinken unverfälschtes Kaschemmenbier (das Glas 2 Meter), rauchen und plaudern mit dem Boost (Wirt). Der erzählt ein Langes und Breites von seinem Geschäft, wie sie „jerade" vor dem Krieg dem alten „Oleanderbaum" zu Leibe rücken wollten, um an seine Stelle ein neues, großes Haus zu setzen, daß er viele Gäste habe, die sich nicht lumpen lassen und große Zechen machen, daß es nur heute so still sei usw. Währenddem sind zwei von den Kerls draußen fast schüchtern und leise in die Stube getreten und an der Tür stehen geblieben. Der eine hat ein dickes, freundliches Gesicht, der andere eine Glatze und einen hochgezwirbelten Schnurrbart.

Leise frage ich den Boost: „Wer sind die beiden Brüder?"

Der Boost hat sich blitzartig umgesehen, beugt sich dann zu meinem Ohr und flüstert: „Der Jroße, wat de Mitze uffhat, is da Muxe und der andre heeßt Karl. Anstendje Leite. Arbeeta. Janz gute Jeste ooch. Wenn se Jeld haben, denn berappen se und wenn se kennt haben, denn pump ick. Bei de nechste Sache, de se …", der Wirt glaubt zu viel gesagt zu haben. Er unterbricht sich plötzlich, fährt dann aber fort: „Wie jesacht: anstendje, brave Menschen."

Die anständigen, braven Menschen, die wohl gemerkt haben, daß von ihnen die Rede war, sind näher gekommen. Muxe setzt sich aufs Billard, Karl auf einen Stuhl. Wir bieten ihnen Zigaretten und ein Glas Bier an. Das stimmt sie vertraulich. Muxe erzählt, daß er sonst auch Kragen und Manschetten trage. Aber bei der Hitze wären beide lästig. Je mehr Runden wir anfahren lassen, desto gesprächiger wird Muxe. Karl findet es klüger und vornehmer, zu schweigen, aber er hat nichts dagegen, daß Muxe sein Herz ausschüttet. Augenblicklich habe er keine Braut, denn er hat etwas Einträglicheres gefunden. (Was, sagt er nicht, aber er zwinkert mit den Augen.) Übrigens sei er zu fünf Jahren Knast (Zuchthaus) verdonnert gewesen. Drei davon habe er abgemacht. Dann … na ja … (hier zwinkert er wieder mit den Augen). Runde auf Runde. Lottchen, Karls Braut kommt. Sie trägt Männer wie Kinder auf den Schultern und tanzt mit dieser Last Foxtrott. Und als wir ihr applaudieren, meint sie bescheiden: „Ach jotte, was is da schon dabei, wenn man so lange wie ick Kohlen jetragen hat!" Karl ist auf sein Lottchen stolz. Er holt mit der Rechten gewaltig aus und tätschelt sie irgendwohin. Dann hängt er sich, um uns zu zeigen, was er kann, mit den kleinen Fingern in die Ringe an der Decke und zieht sich so empor.

Je weiter die Nacht vorschreitet, desto größer wird unsere Intimität. Längst haben sich Mux, Karl und Lottchen an unserm Tisch niedergelassen, und nachdem Muxe den vergeblichen Versuch gemacht hat, uns einen scharfgeladenen Revolver zu verkaufen, beginnt er Mikoschwitze zu erzählen. Um ein Uhr, der Polizeistunde, erklärten uns unsere Gäste für sehr gemütliche Leute, und sie erboten sich, uns beim Nachhauseweg eine Strecke zu begleiten. Was wir aber mit Dank ablehnten, nicht nur darum, weil wir in Muxes Tasche einen geladenen Revolver wußten, sondern auch aus sonstigen Gründen …

UNTER OBER- UND UNTERIRDISCHEN

Mitten am Tage waren wir losgegangen. Zur Mittagsstunde, in der sich der kleine Bürger mit Wohlbehagen vor seinen Teller mit gefülltem Weißkohl setzt. Unser Ziel war die J.-Straße, vornehmlich dadurch bekannt, daß hinter den Fenstern ihrer Häuser junge Damen sitzen, die eifrig nach der Straße spähen und sich mit den vorübergehenden Herren durch eine Art Zeichentelegraphie in Verbindung setzen. Kurz gesagt: Die Berliner J.-Straße ist so etwas wie es die Schwiegerstraße in Hamburg gewesen war, bevor ... Na ja, *tempi passati!*

Natürlich ist in Berlin das Sitzen junger Damen am Fenster, *notabene,* wenn es mit Lächeln, Winken oder zur schönen Sommerzeit sogar mit freundlichen Zurufen verbunden ist, polizeilich verboten, aber es ist manches polizeilich verboten, was doch gemacht wird. Aus diesem Grunde gibt es die Polizei, die darüber zu wachen hat, daß ... Darum gehen auch die Beamten sehr oft durch die J.-Straße und passen auf die Fenster auf, und ob in ihnen Mädchen zu sehen sind, die hinunter winken oder lächeln.

Unsere Besuche galten diesmal den Wohnungen, die solche Fenster haben. Wir klingeln an einer Tür, die sich endlich öffnet. Eine alte, dicke Frau erscheint in ihr. Der Kriminalkommissar ist menschenfreundlich genug, sie nicht lange im süßen Glauben zu lassen, daß wir alle, die da anmarschiert gekommen sind, zahlungsfähige „Freier" bedeuten. Darum sagt er kurz: „Kriminalpolizei! Wir kommen zur Kontrolle!" Worauf die Frau ein unterdrücktes, gewohnheitsmäßiges: „Um Jotteswillen!" ausruft und den Eingang freigibt. Nun steht sie da, die Hände über den dicken Bauch gefaltet und sieht den Kommissar aus wasserhellen Augen an: „Nee, so wat, nee, so wat! Jleich acht Mann uff eenmal! Wat sich woll det Haus von denken muß! Det is mein Dod! Aber janz beschtimmt! Jestern hab ick ma schon det rechte Been jebrochn!“

Der Kommissar: „Wir haben eine Beschwerde bekommen, daß bei Ihnen Dinge vorgehen …“

Die Frau: „Wat denn, wat denn, Herr Wachtmeesta, da bin ick wirklich bejierich! Dinge! Wat for Dinge denn! Da müssen Se sich schon neha ausdricken.“

„Der Kommissar: „Tun Sie doch nicht so, beste Frau M … Wir beide wissen doch Bescheid!“

Die Frau: „Wat heeßt Bescheid? Ick weeß jar nischt. Ick weeß nur, dat ick so'n Einbruch nich uff mir sitzen lassen werde. Vaschtehn Se? Wo ick ma jestern det Been jebrochen habe.“

Der Kommissar: „Wer wohnt bei Ihnen?!

Die Frau: „Wohn? Bei mir? Ick vamiete nich! Ick brauche meine Wohnung for mir alleene.“

Der Kommissar öffnet nun eine Tür, und wir betreten ein halbdunkles Zimmer, in dem drei Mädchen am Tische sitzen und gleichmütig auf drei leere Teller starren.

„Ah“, entfährt es dem Munde des Kommissars, „Sie haben wohl Besuch da, Frau M … ?“

Niemand auf der Erde ist schneller gefaßt als Frau M. „Aba natierlich“, sagt sie, „det is Besuch! Drei liebe Vawandte von mir, drei Meechen aus anständjen Familjen. Jede hat een Beruf …“

Inzwischen sind die drei jungen Damen einem kurzen Verhör unterzogen worden, das dargetan hat, daß alle drei unter sittenpolizeilicher Kontrolle stehen.

Der Kommissar sah Frau M. scharf an.

„Na ja“, meint diese, „wat schadet et, wenn sie een bißken unter Kontrolle schtehn? Deshalb sind se doch anschtändije

Meechen. De eene is Schneiderin, de zweete Aushilfe und de dritte Anemierdame in eene feine Bar …"

Der Kommissar hatte in dem Raum scharf Umschau gehalten. Plötzlich näherte er sich dem Schranke, stellte sich auf die Fußspitzen und holte von dem Schrank drei Stöckchen und eine Rute herunter.

„Was soll das sein?"

„Det werden Se woll selbst wissen, Herr Wachtmeesta!"

„Wieso kommen Sie zu drei spanischen Rohren und einer Rute?"

„Ooch eene Frage! Wieso kommt eene Frau zu een'm Kind? Soll eene Frau von sechzig Jahren keene Schtecke hab'n?"

„Wozu brauchen Sie denn die Dinger?!

„Eens for de Katze, eens for den Hund und eens hab ick noch aus meine Brautzeit for det Jöhr, det wa angerichtet ham. Jenicht Ihn det oda woll'n Se noch mehr wissen?"

„Lassen Sie sich warnen, meine Damen", meinte nun der Kommissar, „daß ich Sie nicht an den Fenstern erwische."

„Meine Damen haben wat andret zu duhn, als an de Fensta rumzufaullenzen!"

„Schweigen Sie, und sind Sie froh, daß wir nichts bei Ihnen gefunden haben."

„Ha? Bei mir wern Se ibahaupt nischt finden, Herr Wachtmeesta! Da missen Se schon noch eene Schtunde frieha uffschtehn!" –

Wir empfehlen uns und besuchen noch eine Reihe ähnlicher Behausungen, in denen wir überall so ziemlich den gleichen Empfang und dieselben Eindrücke fanden. Endlich statteten wir noch in der K.-Straße einem Plättereikeller einen Besuch ab. Von der Straße aus, fünf halsbrecherische Stufen hinter: ein trostloser Raum, in dem bitterste Armut und schmutzigstes Elend ein harmonisches Ganzes bilden. Auf dem zerrissenen Sofa ergötzen sich zwei Dackel und ein Kätzchen an kindlichen Spielen. In einem Bett, das selbst der schmutzigsten Überzüge entbehrt, ruht eine Jungfrau, die sich bei unserem Eintritt halb aufrichtet und uns anzulächeln versucht. Aus dem mystischen Dunkel eines Ganges stürzt eine alte Frau auf uns zu: „Wat is jeschehn? Ham Se een amordet?"

„Sind Ihre Mädchen alle zu Hause?"

„Alle. Se liegen noch zu Bette. Jehn Se man nach hinten! Se könn sich iebazeijen!"

Wir tappen durch einen Gang, der die Aufgabe hat, die Küche darzustellen, in die hinteren Räumlichkeiten, in die kein Strahl des Tageslichts fällt. Die Wände sind feucht, und es entquillt ihnen ein Geruch, der den Eintretenden für einen Augenblick zurückprallen läßt. Dort liegen auf Lumpen und Fetzen die Priesterinnen der Venus. Und sie erwachen und finden den Weg in ihr armseliges Leben sofort zurück und begrüßen ihren neuen Tag mit Lachen und Scherzen …

Dann bitten sie sich eine Zigarette aus und erzählen von den Bitternissen ihres Daseins. Sie aber erzählen, als ob es lauter Süßigkeiten wären, mit denen sie gesegnet sind. Unter den dreckigen Lappen, auf denen sie liegen, haben sie ihre Handtäschchen verwahrt und öffnen sie und zeigen zerbrochene Taschenspiegelchen, schmutzige Puderquasten, das Resl aus Minka, sogar eine Rentenmark, auf die sie besonders stolz ist, weil sie sich von ihr besonderes Glück verspricht: Handgeld!

Wir waren bei Unter- und Oberirdischen. Und bei allen die gleiche Qual, das gleiche Sterben im Unrat und derselbe – Humor. Fühlen sie nicht, wie sie leben? Sehen sie nicht, wo sie leben? Und diese Parias der Großstadt verfolgt und verachtet man? Sie lachen darüber …

BEI HEHLERS

An einem Vormittag, es war erst vor ein paar Tagen, betraten ein Kommissar und ich die Destillation, na, sagen wir „Zum süßen Happen". Der „Süße Happen" war einst eine Konditorei gewesen, und als ein Herr Abromeit das Geschäft übernommen hatte, hatte er die Konditorei in eine Schankwirtschaft umgewandelt, ohne die Firma zu ändern. Dem Kommissar war es sehr erwünscht, daß sich außer uns kein Gast in dem Lokal befand. Frau Abromeit stand mit aufgeschürzten Blusenärmeln hinter der Theke, wo sie Bier- und Schnapsgläser wusch, und Herr Abromeit saß rockkragen- und krawattenlos an einem Tisch und stellte in einem Notizbüchelchen eifrig Berechnungen an. Als er uns eintreten sah, war er in seiner ganzen Kürze und Fülle aufgestanden, uns zu begrüßen. So höflich ist nicht jeder Kneipier, Herr Abromeit aber ist es, das muß zu seiner Ehre gesagt werden.

„Ju'n Morjen, die Herren", hatte der Abromeit gesagt und dann mit einem kümmerlichen Anflug geschäftsmäßigen Humors: „Je frieha de Schtunde, desto scheena die Jäste! Platzn Se doch jeselligst am Fensta. Dort haben Se de scheenste Aussicht und kost nischt extra. Womit kann ick den Herren dien?"

Wir bestellten jeder ein Glas Bier.

„Edlen Gerstensaft, da haben de Herren eene jute Wahl jetroffen." Abromeit schlurrte zur Theke, schenkte die zwei Gläser ein und brachte sie an unseren Tisch.

„Wollen Sie uns nicht ein wenig Gesellschaft leisten, Herr Wirt?", fragte der Kommissar.

„Aba jewiß doch, wenn et die Herren nich steert. Dafor bin ick ja uff de Welt. Beese Zeitn, wat?"

Damit nahm Herr Abromeit an unserem Tisch Platz.

„De Herren sind woll aus die Fremde? Ick habe Se wenichstent noch nie in die Jegend jesehn."

„Wir arbeiten im Westen und kommen sehr selten hierher. Wie gehen denn Ihre Geschäfte?"

„Jott, et kennte bessa sind! Et fällt schwer, sich heitzutage ehrlich durchzuschlagen. Allet is deia, und wenn man so uff'n Jlas Bier een oda zwee Milljarden druffpfettat, denn murren se alle. Vielle mechtn noch de Molle forn Sechsa haben."

„Prost, Herr Wirt!"

„Pröstken, Pröstken, meine Herren! Bei allens bleibt die Hauptsache: Reell! Und det Jefiehl habe ick, wenn ick uffschtehe und wenn ick mir schlafenlege."

In diesem Augenblick kam ein Kerl durch die Tür herein: die Schiffermütze saß auf dem linken Ohr, Sweater und Uniformrock. Kaum war der Wirt seiner ansichtig geworden, sprang er rasch auf und sagte zu uns: „Se entschuldjen mal, meine Herren, een Vawandta", lief dann auf den Besuch zu und zog ihn sofort durch die Tür auf die Straße hinaus.

Der Kommissar warf mir einen vielsagenden Blick zu. Frau Abromeit glaubte die Pause, die durch die Abwesenheit des Gatten entstanden war, durch Konversation von der Theke her ausfüllen zu müssen.

„Een weitleifija Vawandta. Wa ham imma Angst, det a unse Jeste andalft*. Drum hat'n Alex ooch jleich an de frische Luft jebracht."

Herr Abromeit hatte nicht lange auf sich warten lassen. Er schien den Verwandten kurzerhand verabschiedet zu haben und setzte sich wieder an unseren Tisch. Der Kommissar sah nach der Uhr.

* andalfern - anfassen, anlangen

„'n janz harmloset Kerlchen, Koppschuß bei Vördöng und Krampfadan; ick unterstitze ihn, solange a arbeetslos is. Wollen die Herrn noch eene zweite Laje?"

„Nee", erwiderte der Kommissar, „aber ich möchte mit Ihnen von etwas anderem reden, Herr Abromeit."

Abromeit machte ganz runde Augen. „Schießen Se nur los, mein Herr."

„Betreiben Sie neben Ihrer Budike keine anderen Geschäfte?"

„Jeschefte? Andere Jeschefte? Icke? Na, wissen Se, Herr, so 'ne Destille nimmt jrade jennuch Zeit for sich in Anspruch. Haste jeheert, Juste, wat mir der Herr da jefracht hat: ob ick noch andre Jeschefte hette."

„O ja", quiekte Frau Abromeit von der Theke herüber, „de kleenen und de jroßen!"

„Ich meine", fuhr der Kommissar fort, „ob Sie nicht so nebenbei ein bißchen schärfen?"

„Wat, wat soll ick so nebenbei?"

„Ach, tun Sie nur nicht so, Herr Abromeit! Sie werden schon wissen, was „schärfen" heißt! Uebrigens haben Sie zwei Ballen gestohlene Seide in Ihrer Wohnung versteckt! Hier ist meine Marke – Kriminalpolizei!"

„Nu bin ick aba platt", rief Herr Abromeit und erhob sich. Gleichzeitig mit ihm sprang der Kriminalkommissar auf. Frau Abromeit wollte mit dem Ruf: „Nee, aba so'n Schreck!" im Nebenzimmer verduften, der Kommissar aber rief ihr ein so energisches „Halt, hiergeblieben!" zu, daß sie ganz eingeschüchtert stehen blieb.

Herr Abromeit schlug nun klagende Töne an: „So wat soll jerade mir passieren, ausjerechnet mir! Na, Se werden zu duhn haben, Herr Wachtmeesta, um mir von dem Vadacht zu reinijen, den Se so jewissenlos ieba mir ausjeschprochn haben."

Da öffnete sich die Türe, und vier Beamte traten ein. Zwei beobachteten das Ehepaar Abromeit, die anderen beiden schritten an die Durchsuchung der Wohnung. Die beiden Seidenballen waren bald gefunden. Die Beamten brachten sie in das Lokal. – „Nun?“, fragte der Kommissar.

„Ach“, jammerte Herr Abromeit, „die missen woll von selbst in unse Bleibe jekomm sind! Wo solltn wir arme Leite zu solche Seide komm? Weeßt du wat von, Juste?“

„Icke? Ick habe det Zeich iebahaupt noch nich jesehn! Da hat uns een Janove ’n Schabanack jeschpielt.“

„Machen Sie sich fertig, Herr Abromeit, Sie kommen mit uns!“

Da heulte die Frau auf: „Se woll’n uns trenn, Alex, se woll’n uns trenn!“

„Kassiere de Biere ab, Juste, und wenn ick nich bald retour komme, denn besuche mir. Und da Heinrich kriecht funfzich Milljarden. Und denn vajiß ma nicht an …“

Die Beamten drängten Herrn Abromeit hinaus. Er ist nicht bald retour gekommen …

DIE RABENJUNGENS

Das Wort „Rabe" bedeutet im „Chochum loschen" (Gaunersprache) einen angehenden Dieb und Schwindler. Im Sprachgebrauch der Berliner Kriminalpolizei und der Berliner Verbrecherwelt bedeutet es aber eine Spezialität unter den Dieben: Die Kollidiebe, d.h. jene Art von Dieben, die sich auf den Straßen unbeaufsichtigten Geschäftswagen und Karren nähern, um nach Erbeutung eines Teils ihrer Befrachtung das Weite zu suchen. Und weil sich dieser Diebesspezialität meist junge Burschen im Alter von 15 bis 20 Jahren widmen, nennt man sie „Rabenjungs". Womit natürlich nicht behauptet werden soll, daß nicht auch Angehörige älterer Semester dem Kollidiebstahl frönen. Nur muß der Rollidieb, der sich im vorgerückten Alter befindet, charakterlich ziemlich abgebrüht sein, denn der Kollidieb genießt im Kreise der anderen Verbrecher keine sonderliche Achtung. „Ein Echter", heißt es da, „gibt sich mit solchen Kleinigkeiten nicht ab. Jeder macht seine Sache, aber zum Raben soll er sich nicht hergeben. Wer was trifft, der bringt's weiter. Kolli zu klauen, soll man den Anfängern überlassen, der Kesse verachtet das." Die Raben sind also, sofern sie aus den jugendlichen Jahren heraus sind, mit einem Stigma behaftet. Kein wackerer „Schränker" (Einbrecher) wird mit ihnen Verkehr pflegen und kein „Ramscher" (Betrüger), kein „Torfdrücker" (Taschendieb), geschweige denn ein „Haurech" (Mörder). Die Raben bilden die unterste Kategorie des Verbrechertums, und es sind höchstens noch die Klingel- und Flatterfahrer, die mit ihnen in bezug auf Verachtung und Geringschätzung durch die anderen „Zünftigen" konkurrieren können.

Angesichts dieser für sie sicherlich nicht erfreulichen Tatsache ziehen es unsere Rabenjungens vor, sich von denen, von denen sie etwas für spätere Zeit lernen könnten, ängstlich zurückzuziehen und im Verkehr untereinander Genüge zu finden. Ich kenne im Zentrum Berlins ein Schanklokal, in dem ausschließlich Rabenjungs verkehren. Wer dort hineingerät und nicht weiß, in welche Art von Lokal er kommt, wird glauben, ein Lehrlingsheim betreten zu haben. Alle Tische in der Gaststube sind dicht besetzt, und nahezu alle Gäste Menschen, die kaum dem Knabenalter entwachsen sind. Manche haben ihre „Braut" mitgebracht. So sitzen sie, tun es den Alten nach, zeigen einander voll Stolz ihre Entlassungsscheine aus dem Gefängnis und ihre Tätowierungen, beraten neue Feldzugspläne und verhandeln die Ware, die sie von ihren Beutezügen mitgebracht haben. Blasse Jungen, mit wirren ungekämmten Haaren, die ihnen in die Stirne hineinhängen, und mit Augen, in denen es unstet glänzt und flackert. Auch ihre Armbewegungen haben etwas gezwungen Lebhaftes. Sie suchen sich an allem Möglichen zu berauschen: am Wein, am Bier, am Wort und an der Geste. Es ist, als ob jeder von ihnen sprungbereit wäre. So eifrig sie zu debattieren scheinen, so schrill das Lachen der Bräute klingt, es ist, als warteten sie alle auf den Alarmruf: „Macht euch dünn, die Polente kommt!" …

Bei meinem Eintritt in die Gaststube schnellt mir das Mißtrauen entgegen. Der Lärm, den ich durch die Türe bis auf die Straße gehört hatte, ist jäh erstickt. In diesem tiefen, fast angstvollen Schweigen mißt man mich mit Blicken, die bis in mein Innerstes dringen wollen. Ich setze mich. Der Bost schlapft zu mir heran. Was ich will. Ein Helles. Der Bost geht zum Schanktisch. Am Rebentisch sitzt einer mit seiner „Mulle". Die Mulle hat den Kopf in die Hände gestützt, qualmt eine Zigarette und starrt mir aus tiefen Augen kerzengerade ins Gesicht. Ihr Freund schlägt nervös im Takt mit der Hand auf die Tischplatte und sieht mich ebenfalls, allerdings spöttisch, an. Der Bost bringt das Bier. Im Halbschatten der linken Stubenecke beginnt man zu sticheln.

„Du Orje" – höre ich, „meenst de, det det eener von de Spanner is?"

„J Jotte nee, dazu sieht a zu doof aus!"

„Wat will a hier?"

„De Scheenheit von Berlin besehn."

Das Fräulein am Nachbartisch hat soeben ihre Zigarette fortgeworfen. Ich sehe es und erhoffe von diesem unbedeutenden Zwischenfall Gelegenheit zur Beruhigung der Gemüter. Ziehe rasch meine Zigarettentasche und reiche sie geöffnet dem Mädchen hinüber. Sie wendet den Kopf etwas nach hinten und blickt erst mich, dann ihren Begleiter an, der nicht recht weiß, wie er sich zu meinem Angebot verhalten soll. Dann bricht das Mädchen in eine schallende Lache aus, greift in meine Zigarettentasche und nimmt zwei Zigaretten heraus.

„Doppelt hält bessa!"

Während sie sich eine von meinen Zigaretten ansteckt, zieht es ihr Begleiter vor, mich anzugrinsen. Das ganze Lokal ist aufmerksamer Zeuge dieses Vorganges. Ich glaube feststellen zu können, daß durch die beiden Zigaretten die Mauer des Mißtrauens, die sich zwischen mir und der Gesellschaft erhoben hatte, etwas ins Wanken geraten ist.

„Ick danke ooch scheen", sagt das Mädchen. Dann wendet es sich dem Freund zu, gibt ihm eins in die Rippen und mahnt: „Na, Emil, weeste de nich, was sich schickt?"

„Ick danke ooch", brummt Emil, sieht mich dabei aber durchaus nicht beglückt an.

In diesem Augenblick kommt ein Knirps von vielleicht 13 Jahren von der Straße herein, der mit allgemeinem Hallo empfangen wird. Bei seinem Anblick hat man mich vergessen, und ich bin dem Schicksal gar nicht so undankbar, daß es diesen Knirps geschickt hat.

„Adolf!", schreien die Gäste, springen auf und umringen den kleinen Mann. „Adolf, wo kommst de her? Adolf, wie jeht et da? Hast de de Kasematten jut behorcht?"

Adolf setzt sich wie ein Alter auf den Stuhl, der ihm dargeboten wird, kreuzt die Beinchen übereinander und fragt:

„Habt a Schokolade for mir?"

Er kriegt wirklich welche und kaut aus Leibeskräften. Dabei sagt er:

„Beinahe hätten se mir jeschnappt!"

Die empfindsamen Mullen lassen Schreckensrufe erschallen.

„Aba ick bin doch nich hochjejangen", fährt Adolf fort, „ick hab ma det im letzten Moment noch ibalecht. Wie ick ma durch det enge Loch herausschiebe, steht een Kriminal da. Aba ick war doch schnella als a. Schwuppdich! War ick draußen un wech!"

„Adolf, du bist een Mordskerl", sagt einer.

„Weeß ick, steifer Konrad", versetzt Adolf stolz.

Dann fängt man an, dem Kleinen Schnaps und Bier einzuflößen. Er aber greift in die Tasche und zieht ein Knäuel schmutziger Geldscheine heraus, die er auf den Tisch wirft:

„Stike! Heute bezahl ick allet! Det Jeschäft hat's jebracht!"

Man feiert Adolf, indem man eine Ziehharmonika spielen läßt und dazu ein Lied anstimmt. Der Bost schleppt Flaschen herein. Die Mädchen umringen Adolf und streichen ihm übers Haar. Im Augenblick der größten Herrlichkeit drücke ich mich und höre nur noch, wie sie drinnen singen:

„Hoch soll a leben! Hoch soll a leben!"

Da schließt der Bost die Tür von innen zu. –

IM VERBRECHERKINO

Um allzu ängstliche Gemüter nicht zu beunruhigen, möchte ich gleich bemerken, daß es in Berlin noch keine Verbrecherkinos, d.h. Kinos, die ausschließlich für Verbrecher geschaffen sind, gibt. Das Kino, von dem ich jetzt erzählen und in das ich die, die mir getreulich Gefolgschaft leisten wollen, führen will, nimmt natürlich auch Nichtverbrecher unter sein Publikum auf. Jeder, der ohne Unterschied der Plätze 2,50 Mark zahlt, darf eintreten und sich der Segnungen dessen freuen, was eine löbliche Kinozensur von den Phantasiegebilden unserer blutrünstigen Filmdichter übrig gelassen hat. Kein Besucher braucht, um Einlaß zu finden, an der Kasse sein Vorstrafenregister vorzuweisen. Die meisten können das wohl mit Leichtigkeit, einige wären aber doch darunter, die auf keinen Aufenthalt in Plötzensee, Sonnenburg oder Tegel zurückblicken können. Und die wären dann in arger Verlegenheit. Darum ist man liberal und nimmt jeden an, der 2 M. 50 zahlen kann.

Das Verbrecherkino – ich will's schon so nennen, weil meine Arbeit so betitelt ist und ich ganz schrecklich stolz auf den Titel bin – liegt in einer Straße, die wiederum in einem Stadtteil liegt, in dem es von Gesetzesübertretern wimmelt. Dort verbringen sie, sofern sie sich nicht auf Gastspielreisen oder – was ja schließlich auch vorkommen kann – hinter „schwedischen Gardinen" aufhalten, ihr Leben, dort handeln und hecken sie neue Pläne aus, dort lieben sie und amüsieren sie sich, dort werden sie konfirmiert, heiraten wohl auch, setzen Kinder in die Welt und – wenn sie Glück haben – sterben sie auch dort. Sie wohnen Haus an Haus, Tür an Tür mit braven, gesitteten Staatsbürgern, und wenn sie an einem schönen Sommertag mit Weib und Kind oder mit ihrem „Mullchen" einen

Ausflug in die Natur machen, würde ihnen niemand ansehen, daß das Handwerkszeug, dessen sie sich in den Werknächten bedienen, „Tandel“ und „Elle“ sind. „Keß“ sind die meisten unserer schweren Berliner Jungen, ob sie nun als „Grüne“ mit dem Flatterfahren beginnen oder als ältere Herren mit „Anbongpoent“* wichtige Vorstandsstellen in irgendeinem Athleten-, Lotterie- oder Sparverein inne haben. Sie lieben dicke Ringe, die sie stolz an den Fingern tragen, und noch dickere goldene Uhrketten, die sie, wenn sie sie nicht dem Vaterlande geopfert haben, mit vielen Anhängseln geschmückt, an der bunten Weste baumeln lassen. Die so aussehen, sind natürlich die Creme der Gesellschaft. Sie stechen gewaltig ab von dem Proletariat, von den Verbrechern, die es teils aus eigener Schuld, teils durch Schicksalstücke zu nichts Ordentlichem bringen können.

Genug davon! Ich habe von den Leutchen darum so ausgiebig geplaudert, weil sie das Publikum in dem Kinotheater abgeben, von dem ich jetzt erzählen will.

Das Kino macht sich schon von weitem dadurch auffällig, daß es an Stelle der sonst üblichen Orchester über ein gewaltiges Musikwerk verfügt, das neben der Kasse aufgestellt ist und das seine unerhörten Tonmassen teils auf die Straße, teils in den Zuhörerraum schleudert. Während die Kinos in den anderen Stadtteilen, die von sich behaupten, vornehmer zu sein, erst in den späten Nachmittagsstunden ihre Vorstellungen beginnen, flimmert es in meinem Kino schon am Mittag. Es ist in der ersten Nachmittagsstunde, in der ich den Plan fasse, meine Bildung durch das Ansehen eines Films zu bereichern. Ich stehe eine Weile im Hausflur, um mir Plakate und Bilder anzusehen, die mit dem vorge-

* Verballhornung von Embonpoint (frz.) – dicker Bauch

führten Film in einigem Zusammenhang stehen. Trotz des Höllenlärms, den das Orchestrion verübt, um meinem Gedächtnis einen schon tausendmal gehörten Foxtrott noch fester einzubleuen, nehme ich wahr, daß mir heute die „zwei gewaltigsten Schlager" winken, von denen der eine den geschmackvollen Titel „Der Sturz in den Abgrund", der andere den noch geschmackvolleren „Gift und Revolver" führt. Während ich durch die Titel aufs lebhafteste angeregt, in seligem Entzücken schwimme (man verzeihe mir diese Phrase, Frau Courths-Mahler hat sie auch schon angewandt), klopft mir jemand auf die Schulter. Als ich mich umdrehe, hoffe ich irgendeinen bekannten Lustmörder oder Gentlemen-Einbrecher zu sehen, es ist aber nur ein Kriminalbeamter, der mich mit leisem Spott (Professionals schlagen Amateuren gegenüber immer einen Ton des leisen Spottes an) fragt, ob ich das Kino besuchen wolle. Auf meine Bejahung hin meint er nur wohlwollend: „Na, dann passen Se nur uff, daß Se keene Läuse mitbringen!" Sagt's und geht. Lächerlich! Läuse! Ich bin schon ganz anderswo gewesen, verehrtester Herr Kriminalassistent, und habe mir keine Läuse geholt!

Über dem Kassenschalter, in dem eine junge Dame mit durchbrochenen Blusenärmeln sitzt, ist ein Zettel angebracht, auf dem es trostreich heißt: „Durch gute, wohltuende Ventilation ist das Theater gekühlt. Angenehmster, kühler Aufenthalt!" Na also! Und da hat der Beamte vorhin vor Läusen gewarnt! Wo einem ein angenehmer und kühler Aufenthalt in Aussicht gestellt wird, gibt es ganz einfach keine Läuse! Als ich dem Fräulein mein Eintrittsgeld hinlege, sehe ich, daß Berge von Schokolade und Zigaretten vor ihr angehäuft sind. Sie bietet mir mit einem süßen Lächeln, das ich natürlich teils aus angeborener Bescheidenheit, teils aus Lebens- und Welterfahrung nicht persönlich nehme, eine Schokoladenstange an und sagt dabei: „Eine Prima-Schokoladenstange mit feinster Füllung". Und wieder ist es meine Lebenserfahrung, die mich die Stange nicht nehmen läßt. Ich erwidere bloß errötend, daß ich des „Sturzes in den Abgrund" wegen hierher gekommen sei und nicht der feinsten Füllung wegen, die ich ja auch wo anders haben könne …

Als ich die Tür in den Saal passiere, sehe ich über mir zwei Engel aus Gips, die man mit irgendeiner Bronzefarbe angestrichen hat und die in Posaunen stoßen. In Anbetracht des Lärms, den das Orchestrion macht, freu ich mich, daß Engel und Posaunen nur aus Gips sind. Im Theater ist es, wie es im Kinos zu sein pflegt, ganz dunkel. Nein, es ist noch nicht ganz dunkel. Über dem Büfett leuchtet das milde abgetönte Licht einer Lampe. Es leuchtet hell genug, daß ich eine Dame mit ihrem Leibesumfang sehe, dann ein Buch, in dem die Dame liest und eine Unmenge von Würsten und Rollmöpsen, die stolz darauf sind, elektrisch beleuchtet zu werden … Da es in diesem Theater augenblicklich keinen Platzanweiser gibt (ich hörte, daß der letzte augenblicklich wegen einiger kleinerer Delikte eine mehrjährige Zuchthausstrafe abbüßt), stieß ich beim Vorwärtsstreben in der Dunkelheit gegen einige Herren, die mich, da sie durch mich im künstlerischen Genuß des Kriminalfilms gestört wurden, „Dussel!" und „Oller Affe" nannten. Das nahm ich natürlich, da ich empfand, daß es nicht böse gemeint war, nicht weiter übel. Endlich hatte ich einen Platz neben einem Wesen erobert, das ich nach einigem Bemühen trotz der Finsternis als ein weibliches erkannte. Aus der Unterhaltung, die ich während der Pause zwischen dem „Sturz in den Abgrund" und „Gift und Revolver" mit ihr anknüpfte, erfuhr ich aus ihrem Munde, daß sie die Braut des polnischen Hermann sei, der sich augenblicklich irgendwo in Berlin unangemeldet aufhalte. Und als ich ihr nachher eine

Schokoladenstange mit feinster Füllung kaufte, hatte ich ihr Zutrauen ganz erobert, und sie fragte mich, ob ich immer mit ihr gehen wolle, wenn sie den polnischen Hermann, der es ja doch noch mit zehn anderen hielte, verpfeifen würde …

BERLINER KUPPELQUARTIERE

Mit den Einbrechern war es eine faule Sache gewesen. Wir waren um die Schönhauser Allee herum straßauf, straßab gegangen, aber alle Kaschemmen, in denen Einbrecher sitzen sollten, waren entweder schon geschlossen gewesen oder so dürftig besetzt, daß es sich gar nicht lohnte, irgendeine dramatische Szene aufzumachen. In einer Budike, ich weiß nicht, war es in der Kraut- oder in der Fruchtstraße, waren vier Männer beim Skat gesessen. Die waren beinahe böse geworden, als sie hörten, warum wir das Lokal besucht hatten. So ehrlich waren sie, so unschuldig ... Bis um zehn Uhr hatten wir überhaupt noch niemanden „in unserer Mitte". Mein Gott, es gibt eben auch verpfuschte Razzien.

Stumm schritten wir die finstere Straße hinunter. Jeder hatte seine Gedanken. Ich zum Beispiel dachte: „Im Bett liegen, wäre besser!" und „Wenn du nur nicht die Straßenbahn versäumst!" In diesem Augenblick höchster Trostlosigkeit hat plötzlich der Leiter unseres Streifkorps, Kriminalkommissär Dr. A. einen glänzenden Einfall. „Da wir doch einmal hier sind", meinte er, „können wir ein paar Kuppelnestern Besuche abstatten."

Wir hatten einige Herren von der „Sitte" unter uns, Leute, die dort draußen im „Katholischen Viertel" jeden Schlupfwinkel kennen. Daher machte gleich einer den Vorschlag: „Na, da jeh'n wa mal in Nr. ... in der Kleinen Andreasstraße. Dort jibt's Arbeet von unten bis oben." Gut! Umgekehrt! In Gruppen marschieren wir in die Kleine Andreasstraße ein.

Ein Haus, mit offenem Tor. Trotzdem es schon an halb elf ist, Licht, ein imaginärer Begriff. Einer der Wachtmeister hat enorme Hände. Aber selbst er kann sie nicht vor den Augen sehen. Der Kommissär hat eine kleine elektrische Taschenlampe, aber er will von ihr keinen Gebrauch machen. Wir legen nämlich keinen Wert darauf, gesehen zu werden. Wenigstens jetzt noch nicht.

„Ueber den Hof, eine Treppe", flüsterte einer von uns. Der Hof ist ebenso finster wie der Hausflur. Ein paar Fenster des Hinterhauses sind matt erhellt. Kerzen- oder Petroleumlampenlicht hinter billigen, dicht zusammengezogenen Vorhängen. Wir tappen vorwärts. Auf den Zehenspitzen. Der Kommissär mutig voran, ich mit klopfendem Herzen hinter ihm. „Achtung, die Treppe!" Die ächzt leise, fast gespenstisch in dem totenstillen, stockfinsteren Haus. „Die Tür rechts!", zischt es von hinten. Stark fallen die Handknöchel des Kommissärs an die Tür, durch deren Ritzen traurige Lichtschimmer dringen. Hinter der Tür ist ein stummes Erschrecken. „Aufmachen! Die Polizei!" ... Die Polizei! ..." „Ach, du meine Jiete", hört man drin die Stimme einer Frau, „wat will de Polizei bei uns!" Aber der Schlüssel dreht sich im Schloß, die Tür öffnet sich, wir treten in eine Küche. Eine blasse Frau steht vor uns, wie abwehrbereit, die Blicke, halb scheu, halb herausfordernd auf uns gerichtet. Am Herd sitzt ein Mädel, die Hände in den Taschen ihres Mantels vergraben. Hat eine Zigarette im Munde. Rührt sich nicht. Versucht nur, uns anzulächeln. Da beginnt auch schon der unaufhaltsame Sermon der blassen Frau: Was die Polizei eigentlich bei ihr wolle. Sie sei eine arme Witwe. Der Mann ist im Kriege gefallen. Unterstützung bekomme sie nicht. Verhungern ließe man sie ... Im Zimmer sei niemand. Und wenn doch jemand drin wäre, na ja, sie müsse doch leben. Das, was sie tue, sei doch kein Verbrechen. Ja, ja, sie wolle schon die Tür zum Zimmer aufmachen, aber es sei ihre Kusine, die drin sei, und ihr Bräutigam, und sie wollten einander nächstens heiraten ...

Im Zimmer steht, die Augen niedergeschlagen, ein junger Mann, der etwas unsicher seine Krawatte bindet. Auf dem Sofa hockt ein Mädchen, so, wie es von der Straße gekommen ist. Es entnimmt der Tasche ein Büchlein, in dem der Kommissar blättert. „Gut, Ihre Sache ist in Ordnung." Auch das Mädchen am Herde kann sich genügend ausweisen. Die blasse Frau atmet auf. Wie sauer einem das bißchen Leben gemacht werde, und sie sei doch keine Verbrecherin ...

Tapptapptapp. Die Treppe hinunter. Den zweiten Aufgang wieder hinauf. Zwischen der Türspalte das gemeine Gesicht einer älteren Frau: „Nee, bei mir is nischt! Jar nischt! Da missen Se schon in de Fruchtstraße zu Frau K. jehn, in't Kellalokal. Die hat de janze Bude voll. Det is'n Aas! Det is eene, die von dem lebt! Jehn Se man dorthin un lassen Se anständige Frauen unjeschoren!"

Warum soll man der Weisung dieser charaktervollen Dame nicht folgen? Sie hat uns zwar nichts Neues verraten, denn die Wachtmeister der Sittenpolizei kennen bereits das Kellerlokal in der Fruchtstraße und wissen, daß es einen zweiten Ausgang nach dem Hof hat. Das festverschlossene Haustor wird mit einem Dietrich schnell geöffnet. Wozu gibt es eigentlich verschlossene Haustore? Es ist nichts leichter, als sie schnell und ohne Geräusch zu öffnen. Während einige von uns den Hinterausgang besetzen, klopft ein Wachtmeister von der Straße aus an die Kellertür. Durch das Fenster neben der Tür sieht man, daß im Keller Licht ist. Fünf Minuten verstreichen. Stets erneutes Klopfen. Man gibt sich als Polizei zu erkennen. Aber das scheint nichts zu fruchten. Da stürzt einer der Beamten, die im Hofe Posten gestanden hatten, durch den finsteren Hausflur auf die Straße: „Achtung! Zwei Kerls wollten hintenrum entweichen. Wir haben sie!" Und im gleichen Augenblick wird die Tür zur Straße aufgetan. Wir drängen die Hühnertreppe hinunter. Im Scheine einer Kerze, die auf einer Kommode steht, zwei Menschen: Frau K. und ein hochgeschossener junger Mann mit verlegenem Gesichtsausdruck. Die Frau hat sich auf einen Stuhl gesetzt, der neben dem zerwühlten Bett steht. „Wer ist der Herr?" – „Een juta Bekannter." – „Was mache er hier?" – „Er hat ma besucht." – „Sind noch andere Leute hier?" – Maßloses Erstaunen der Frau: „Wer soll denn noch hier sind?" – Wir sind in die Küche getreten. Dort sitzt ein Mädchen neben zwei frischgebackenen Napfkuchen. „Jott, bin ick erschrocken!!" Frau K. schreit: „Det is nur meine Freindin! Die jehört zu mir! Det is keen Mensch für sich!" – „Wer ist sonst noch da?" – „Keene Seele, uff Ehrenwocht!" –

Die Beamten haben mittlerweile, verfolgt von den schnellen ängstlichen Blicken der Frau, inmitten des Gerümpels, Unrats, eine Tür entdeckt, die sich nur zu einem Viertel öffnen läßt. Der Kommissär hat sie – soweit es geht – aufgerissen. „Ah! Eine Menschenfalle!!" – Er läßt seine Lampe aufblitzen. „Vorsicht! Stufen!" Drei von uns steigen in den Keller hinunter. Der Lichtkreis der Lampe bleibt auf einem Haufen Werg haften, der in einer Ecke des Kellers aufgeschüttet ist. Dort kauern mitten im Schmutz vier Menschen: zwei Burschen und zwei Mädchen. Die Burschen wissen nichts besseres anzufangen als zu grinsen. „Nur heraus, meine Herrschaften, fürchten Sie nichts!" Die Vier stehen auf und folgen dem Kommissär in die „gute Stube". – „Waffen?" – „Nee?" – Die Burschen werden abgetastet. Waffen haben sie nicht, aber der eine hat zwei hübsche Sperrhaken bei sich. – „Eene harmlose Spielerei", erläutert Frau K. „Lauter brave, harmlose Menschen, dhun keena Flieje nischt. Waren im Kientopp un sin denn herjekommen, Kuchen essen un plaudern. Der eene is de Sohn vom Jrünkramfritzen nebenan." – „Und das Fräulein hier?" – „Zujereist, frisch zujereist. Sucht eene Stellung. Aus sehr anständija Familje in Disseldorf." – „Sie hat keine Papiere, sie muß zur Wache mit!" – Da schluchzt das Fräulein auf: „Zur Wache, Jott, zur Wache!" Frau K., die bemerkt, daß die Sache für sie ganz günstig auszugehen scheint, tröstet sie: „Mach dir nischt draus, Elfriede, se könn dir ja doch nischt! Kriegst eben morjen dein Buch un bist fein raus aus de Sache!"

Elfriede quetscht ein paar Tränen heraus: „Na, wenn et nich andersch jeht" und spaziert mit dem Beamten aus dem Keller in Gottes freie Natur hinaus.

Vor dem Keller stehen ein paar Mädchen, die den Vorgang kritisch verfolgen: „Jrete, wat jlobste, wie viel Jreifer nötich wären, um uns alle zu schnappen?"

Grete bricht in ein Lachen aus, das die ganze Fruchtstraße durchschallt …

EINE NACHT UNTER BERLINER KUPPELMÜTTERN

Zum Besuch von Absteigequartieren, Stundenhotels oder wie die Örtlichkeiten sonst heißen, die man nicht zum Zweck des Betens oder Bußetuns aufsucht, wird kein vernünftiger Polizist die Tagesstunden wählen. Denn gleich Einbrechern und Dieben scheut auch die Liebe die Zeit der natürlichen Beleuchtung. Teils darum, weil in der Nacht alle Katzen grau sind, teils darum, weil es schon mal so Unsitte und Herkommen ist. Ein Operettenlibrettist hat vor Jahren den Refrain gedichtet: „In der Nacht, in der Nacht, wenn die Liebe erwacht …" Dieser Mann hatte die Psyche der Liebesleute verstanden.

Bei der Berliner Sittenpolizei waren von empörten Hausbewohnern unterschiedliche Anzeigen eingelaufen, daß in diesen und jenen Häusern ein allzu lärmender und die Nachtruhe störender „Liebesbetrieb" herrsche. Man hatte in diesen Anzeigen von Sektgelagen geschrieben, von Liedern, die gesungen wurden, ohne früher in Schullesebüchern gestanden zu haben, und vom Pianospiel, das Steine erweichen und schlafsuchende Menschen rasend machen kann. Was blieb der guten Kriminalpolizei übrig, als diesen Beschwerden mit aller Delikatesse nachzugehen und durch persönliche Kenntnisnahme festzustellen, was an ihnen wahr oder unwahr sei. Und da Kriminalkommissar Dr. Kühl auch anderen vergönnt, einen Blick hinter die Kulissen jener Welt, in der man kein Rockefeller oder Vanderbilt zu sein braucht, um in die Mysterien der Liebe zu dringen, zu werfen, so schritt ich an seiner Seite aus. Mitternacht war's, als wir unsere Wanderung begannen.

Zuerst pürschten wir in der Gegend um den Anhalter Bahnhof herum. Dort gibt es eine Menge kleinere und größere Pensionate, in denen man gern Pärchen aufnimmt, ohne sie nach Namen und Herkommen zu fragen.

Die meisten Häuser, die wir besuchten, waren ordnungsgemäß verschlossen. Was aber vermag ein Berliner Haustürschloß gegen die Kniffe eines Kriminalbeamten, der mit dem Dietrich umzugehen weiß. Eine Drehung des Dietrich im Schloß, und es ergibt sich ohne Murren und Ächzen. In besseren Zeiten besaß die Kriminalpolizei elektrische Taschenlampen. Diese Lampen sind aber vom Finanzminister aus Ersparungsgründen gestrichen worden. Seither müßte die Kriminalpolizei im Finstern arbeiten, d.h. sie müßte, wenn nicht der führende Wachtmeister das Stümpfchen einer Kerze bei sich hätte. Auf die Gefahr hin, daß sich der Finanzminister über eine derartige Luxusentfaltung im Dienste sehr aufregen würde, zündete er das Stümpfchen an, und nun sieht man wenigstens die meist halsbrecherischen Treppen.

Leise, leise geht es hinaus – zweites Stockwerk. An einer Tür eine Tafel mit dem Namen – sagen wir – „Pension Niedermayer". Ein Beamter klingelt. Es rührt sich nichts. Er klingelt noch einmal. Es rührt sich wieder nichts. Er klingelt zum drittenmal. Dann hören wir was. Pantoffelgeschlurf. Der Schlüssel im Schloß. Offener Türspalt. Eine dicke Weiblichkeit.

„Was wollen Se?"

„Kriminalpolizei! Kontrolle!"

Die dicke Dame zwingt sich zu einem Lächeln, das ihre Freude über den späten Besuch markieren soll: „Ich bitte, meine Herren!"

„Wie viele Zimmer haben Sie besetzt?"

„Ach Gott, nur drei, Herr Kommissar, die Zeiten sind so schlecht!"

„Wer ist in diesem Zimmer?" Der Kommissar ist vor eine der Türen getreten.

„Ein Herr und eine Dame, Herr Kommissar. Sehr anständige Leute, sehr vertrauenswürdig ..."

Der Kommissar klopft an die Tür: „Polizei! Kontrolle! Öffnen Sie!"

Fast hört man das Erschrecken drin. Jedenfalls aber sieht man durch einen Türspalt, daß in dem Zimmer Licht gemacht wird. Es vergehen ein paar Minuten, ehe die Tür geöffnet wird, in der ein Jüngling mit melancholischem Gesicht erscheint. Er befindet sich im tiefsten Negligee und macht, als er so viele Männer vor sich stehen sieht, den Versuch, ins Bett zurückzuspringen und sich unter der Decke zu verkriechen.

„Wer sind Sie?"

„Ich? ... Ich bin Buchhändler, ja, Buchhändler und heiße ..."

„Haben Sie Papiere?"

„Ja, bitte, in meinem Rock, hier!"

„Wer ist die Dame?"

Von der Dame sieht man nicht viel mehr als Augen und Nasenspitze. Als sich der Kommissar nach ihr erkundigt, verschwindet auch noch die Nasenspitze unter der geblümten Hülle.

„Die Dame", stottert der Jüngling, „ist eine sehr anständige Dame. Ich darf ihren Namen nicht nennen, ich darf sie nicht kompromittieren. Sie hat mir vertraut. Sie ist sehr achtbar. Nehmen Sie mich mit, sperren Sie mich ein, lassen Sie mich hinrichten, aber den Namen der Dame kann ich nicht sagen ..."

„Willi", kommt es nun aus dem Munde unter der Bettdecke hervor, „du kannst meinen Namen ruhig nennen. Liebe ist ja keine Schande nicht, und ich liebe dir, Willi!"

Der Jüngling ist so gerührt, daß ihm die Tränen aus den Augen zu stürzen drohen. „Diese Dame", sagt er nun, „ist Fräulein Martha D…, mein Verhältnis. Ich werde sie heiraten, wenn ich Gehaltszulage bekommen habe."

„Na", meint der Kommissar, „Ihre Papiere stimmen. Lassen Sie sich nicht weiter stören!" –

Die Untersuchung der beiden anderen Zimmer ergibt, daß sich in ihnen in der Tat nur zwei Herren befinden, von denen der eine ein kleiner Landwirt, der andere ein Geschäftsreisender ist. Bevor wir das Quartier verlassen, hält der Kommissar der dicken Frau Niedermayer noch eine Standpredigt, in der er auf die Anzeige, die gegen sie eingelaufen ist, hinweist und auf die Gefahren, in die sie sich durch das Vermieten von Zimmern an Liebespaare begibt.

„Ach, Herr Kommissar", erklärt nun die beleibte Frau, „ich weiß ja, daß Sie es jut mit mir meinen, aber wie, um alles in der Welt, kann man wissen, ob einer verheirat' is oder nich. Wir waren ja auch mal jung, Herr Kommissar …"

Wir haben dann bis gegen drei Uhr morgens noch sechs oder sieben andere Pensionen besucht, ohne etwas zu finden, was uns sonderlich interessiert hätte. Ein paar nüchterne Zimmer, ein paar nüchterne Menschen und ein paar Wirtinnen, die freigebig mit Worten, aber sparsam beim Überziehen der Betten sind …

Das Kerzenstümpfchen des Wachtmeisters war fast ausgebrannt. Der Finanzminister hat die Taschenlampen verboten. Darum gingen wir allesamt nach Haus.

NACKTBETRIEB

Berliner Razzien. *Semper idem.* Glücksspieler, Nepper sonstiger Art, Einbrecher, Räuber, Defraudanten und Nackttänzerinnen werden ihr Opfer, man schlägt sich die Nächte um die Ohren, die Beamten rasen in ewig gleichem Schaffenseifer auf ihren Autos von W. nach N. und von O. nach S., sie tandeln Haustore auf, fangen Schlepper ab, bevor sie die, die sich ihrem Schutz anvertraut haben, durch Signale von der Ankunft der „Polente" benachrichtigen können, der Kommissar, die „Kanone" schußfertig in der Hand, ruft immer wieder: „Hände hoch! Die Kriminalpolizei!" Dann Abverlangen der Ausweise und schließlich Exodus nach dem Polizeipräsidium. *Semper idem!* Stets das Gleiche!

Und doch: wer sich für die Sache interessiert und wer sich bemüht, die sich äußerlich stets gleich bleibenden Vorgänge etwas innerlich zu sondieren, dem wird es gehen wie den Beamten, die zu jeder Streife mit neuem Jagdeifer antreten, die immer etwas Besonderes, Neues von ihr erhoffen. Bei denen, die das kriminalistische Metier ausüben, merkt man wohl am wenigsten von jener Abgestumpfheit, die gewöhnlich das Zeichen langjähriger Betätigung in demselben Beruf ist. Ich weiß das, denn ich habe Berliner Kriminalbeamte mehr als einmal auf der Jagd gesehen ... Es sind alte Leute darunter, von fünfzig und sechzig Jahren, aber jünglingshaft ist ihre Frische, wenn sie vorgeschickt werden, das Wild zu stellen ...

In folgenden Zeilen will ich zwei Bildchen aus meiner jüngsten Razzia-Praxis geben.

Nackttänzerin und Privatdetektiv

Der Agent hatte gemeldet: „Friedrichstraße Nr. ... Nachtbetrieb und Nackttänzerinnen. Die Flasche Sekt 500 M. Großer Betrieb." Kriminalkommissar Engelbrecht verzeichnete die Adresse in seinem Notizbuch. So war dieses Lokal in die Reihen aller jener aufgenommen worden, die bei der nächsten Razzia dran glauben sollten.

Zwei Stunden nach Mitternacht. Wir, ein Polizeiarzt aus San Francisco, der nach Berlin gekommen ist, die Einrichtungen der Sittenpolizei zu studieren, ein Kriminalbeamter und ich, werden vorgeschickt, um vor dem Einschreiten des Kommissars den Betrieb kennen zu lernen.

An der Kranzlerecke spricht uns der „Spanner" an. Leise, geheimnisvoll. Ob wir ein Nachtlokal besuchen wollen? Amüsant, pikant! Musik und Nackttänzerin.

Wir hatten beschlossen, Ausländer zu spielen. Was uns um so leichter möglich war, als der Arzt ein tadelloses Französisch sprach. Als er dem Spanner französisch antwortete, bediente sich dieser mit großer Zungenfertigkeit derselben Sprache. Der Spanner, sehr vergnügt, Leute gefunden zu haben, von denen sich – wie er meinte – eine große Zeche erwarten ließ, huschte uns voran: in ein Haus unfern der Kranzlerecke, leuchtete uns mit einer Taschenlampe vier Treppen empor bis zu einer Tür, vor der ein Schild angebracht war, das aber merkwürdigerweise mit Zeitungspapier verklebt war.

Klopfen, Öffnen der Tür. Eine ältere Frau geleitet uns in ein Zimmer, das kleinbürgerlich eingerichtet ist. Stühle und Sofas sind an die Wände gerückt: Die Sitzplätze für die Zuseher. Die Hängelampe umgibt ein Schirm aus rosa Seidenpapier. Das ist die magische Beleuchtung. In einer Ecke des Zimmers „arbeitet" das Orchester: drei Musiker: Pianino, Geiger und Ziehharmonika. Schrammelersatz. Vor den Augen dreier Gäste tanzt ein Mädchen. Es ist nicht schön, dafür aber mehr verhüllt, als es einer Nackttänzerin zukommt.

Sie tanzt plump, ungelenk mit Hand- und Armbewegungen, wie sie ein Elefant machen würde, wenn er Hände und Arme hätte.

Der Kellner wedelt uns mit einer Serviette entgegen. Es wären zwei Marken Sekt da: eine zu 400, die andere zu 500 Mark. Wir bestellen eine Flasche zu 400. Setzen uns. Der Kellner ab. Kommt sofort wieder. Die 400-Mark-Marke sei alle. Da wir wissen, was kommen wird, bestellen wir leichten Herzens eine Bouteille zu 500. Zwischen dem Kommissar und uns war verabredet worden, daß der Kommissar genau 15 Minuten nach unserem Erscheinen im Arbeitsraum der Nackttänzerin das Haus betreten werde. Einer von uns müsse dann, ohne Aufsehen zu erregen, aus dem Lokal verschwinden, um den Beamten das Tor aufzusperren.

Die Musik spielt Foxtrotts und Bostons. Das Mädchen wirft die Beine. Die drei Gäste starren für ihr schweres Geld die zweifelhafte Bajadere an. Minute auf Minute vergeht. Nach zehn Minuten beginnt der Kriminalbeamte an unserem Tische Trunkenheit zu simulieren. Er schwenkt mit dem Oberkörper, zeigt gläserne Augen und lallt. Er tut, als ob er aufstehen wolle, fällt aber schwer auf seinen Sitz zurück. Es ist meisterhaft, wie er Komödie spielt. Die Wirtin wird auf ihn aufmerksam. Besorgt blickt sie nach unserem Tisch herüber. Der Beamte trinkt. Sein Zustand verschlimmert sich. Da flüstert die Wirtin dem Kellner etwas zu. Der nickt und tritt an unseren Tisch:

„Dem Herrn scheint schlecht zu sein. Wenn Sie gestatten, werde ich ihn herunterbringen. Die frische Luft wird ihm gut tun!“

Was hätte uns angenehmer sein können. Zwei Minuten vor Ablauf der verabredeten Viertelstunde bringt der Kellner den Angetrunkenen die Treppe hinunter und sperrt – dem Kommissar persönlich das Haus auf.

Der Kellner kehrt mit blassem Gesicht zurück. In seiner Begleitung vier fremde Herren. Bevor man Zeit hat, sich nach ihren Wünschen zu erkundigen, zieht Kommissar Engelbrecht seine Marke:

„Kriminalpolizei! Ich bitte die Herrschaften, sich auszuweisen!" …

Nackttänzerin, Wirtin, Gäste, Musikanten und 50 Flaschen Sekt, die konfisziert wurden, treten die Fahrt nach dem Polizeipräsidium an.

Vorher hat ein Beamter das Zeitungspapier, mit dem das Schild vor der Tür verklebt war, abgerissen. Auf dem Schilde stand: „Privatdetektei."

Im Hotel zu den drei Quasten

Im oberen Teil der Friedrichstraße, nahe dem Halleschen Tor, gibt es ein „Hotel", das der Polizei als Absteigequartier für Ganoven aller Art bekannt ist. Es ist 1 Uhr morgens, als die Streifmannschaften unter der Führung des Kommissars Engelbrecht und des Kriminalwachtmeisters Krähe vor dem Hause landen. Das Tor ist offen. Zwei Treppen hinauf. Eine Tafel:

„Hotel, bitte klingeln."

Der Kommissar befolgt diese Weisung.

Der „Hotelier" erscheint. Erschrickt, hat sich aber sofort wieder gefaßt: „Nein, Pärchen seien nicht vorhanden. Die Herren der Polizei dächten gar zu übel von seinem Unternehmen. Zweifelhafte Frauen weise er überhaupt zurück" … usw.

Die doppelbettigen Zimmer sind in der Tat leer. Der Kommissar kennt das Hotel. Wir steigen eine Treppe höher. Eine Tür wird aufgestoßen. Große Bodenkammern. Darin

Bett an Bett, mindestens zehn in jedem Raum. Und in jedem Bett ein Schlafender. Einige erwachen durch das Geräusch, das wir verursacht haben und – kratzen sich.

„Alle aufstehen!", kommandiert Engelbrecht.

Ohne Widerspruch stehen zwanzig Burschen auf; es zeigt sich, daß ein paar ohne Hemden geschlafen haben.

„Warum habt ihr eure Hemden ausgezogen?"

„Weil wir nicht wollten, daß Läuse in sie kommen." –

Zwei der Gäste sind tags vorher aus dem Zuchthaus entlassen worden. Der Hotelier äußert mit dem Schicksal seiner Kunden lebhaftes Bedauern. Er verkauft ihnen noch, bevor sie ihre Haft nach dem Präsidium antreten, Zigaretten und Stullen. Nicht zu billig, versteht sich. Und spielt dabei vor dem Kommissar immer noch die gekränkte Unschuld.

„Ick werde ma von mein Notar eene Beschwerde machen lassen! Ick bin doch een sozialet Unternehmen! Verlange for een Bett eben nicht mehr als fünfzehn Mark! Wo können Sie in Berlin noch so billig wohnen?"

Der Kommissar läßt ihn ausreden, macht ihn aber dann darauf aufmerksam, daß er noch einmal wegen Kuppelei schwer hereinfallen könne. Was er habe, sei kein Hotel, sondern eine Penne …

„Beleidijen Se ma nicht!", antwortet der Gekränkte.

„Wat ick habe, is'n Hotel! Vastehn Se?"

DIE FRAU MIT DEN SEIDENSTRÜMPFEN

Observieren heißt im kriminalpolizeilichen Sinn: Beobachten. Von den Schwierigkeiten des Observierens kann sich nur der eine Vorstellung machen, der einmal persönlich an der Beobachtung irgend einer verdächtigen Person teilgenommen hat. Das Observieren hat eine gewisse Ähnlichkeit mit dem auf Anstandstehen des Jägers. Wie der Jäger, so muß auch der Kriminalbeamte stundenlang auf sein „Wild“ lauern. Dieses Warten erfolgt oft unter den widerwärtigsten Verhältnissen. Mitunter erfordert es die Sachlage, bei grimmigster Kälte oder bei strömendem Regen eine Nacht hindurch vor einem Hause auszuharren.

Aber der Beamte ist nicht nur den unangenehmsten Witterungseinflüssen ausgesetzt, das Observieren ist auch mit persönlichen Gefahren verbunden. Wehe dem Beobachtenden, wenn er auf seinem Posten erkannt wird. Für ihn heißt es, unausgesetzt auf dem qui vive zu sein, um dermaßen den Gefahren, die ihn umgeben, möglichst aus dem Wege zu gehen.

Geschicktes und erfolgreiches Observieren stellt demnach nicht nur bedeutende Anforderungen an das physische Vermögen der Beamten, sondern auch an seine „Gerissenheit“, seine Geistesgegenwart und an seinen persönlichen Mut.

Ich hatte jüngst Gelegenheit, an einer recht langwierigen Observation teilzunehmen, und ich will in Folgendem von meinen gehabten Eindrücken berichten:

In einer Seitenstraße der Friedrichstraße war von Einbrechern am hellerlichten Tage eine Wohnung ausgeräumt worden. Als die Bewohner von einem Spaziergang zurückgekehrt waren, sahen sie sich in ihrem Schrecken zwischen kahlen Wänden. Sogar die Türklinken waren abgeschraubt. Die Ganoven hatten ganze Arbeit gemacht.

Die Anzeige bei der Kriminalpolizei hatte zur Folge, daß eine achtköpfige Einbrecherbande als Täter festgestellt wurde, von der alsbald sieben Köpfe hinter Schloß und Riegel gebracht wurden.

Fehlte noch der achte Kopf.

Diesen zur Strecke zu bringen, wurden die Kriminalagentin Friderici und mehrere Beamte beauftragt. Noch muß bemerkt werden, daß sich der Verdacht der Polizei gegen Täter Nr. 8 auf eine bestimmte Person gelenkt hatte. Man war aber behördlicherseits seiner Sache nicht so sicher, daß man sofort an die Verhaftung dieser Person hätte gehen können. Also mußte observiert werden.

Der Mann, in dem man den Einbrecher vermutete, wohnte in einer Straße des nördlichen Berlins. Die Kriminalpolizei hatte seine Frau zur Vernehmung zum Revier vorgeladen, aber sie war geschickt allen Klippen des Verhörs ausgewichen.

Wir hatten uns früh aufgemacht und kurz vor acht Uhr unsere Posten vor dem Hause, in dem der Einbrecher, dessen Photographie wir besaßen, wohnte, bezogen. Wir, d.h. Frau Friderici und ich. Wir gingen in möglichst unauffälliger Weise auf der gegenüberliegenden Seite des Hauses auf und ab, behielten aber das Haustor scharf im Auge. So mochten wir etwa eine Stunde lang in unserem engbegrenzten Revier gelustwandelt haben, da trat eine Frau aus dem Hause, die ein Päckchen unter dem Arme trug. Ich bemerkte, wie sich meine Kameradin plötzlich umkehrte und in gemessener Entfernung der Frau folgte. Diese trat in einer Nebenstraße in ein Schanklokal. Rasch war ich an der Seite der Agentin, die mir zuflüsterte:

„Das ist die Frau des Einbrechers! Wir gehen hinein, aber wir kennen uns nicht …!"

Gut, wir kennen uns nicht!

Ich gehe voraus. An einem Tisch neben der Theke sitzt die Einbrecherfrau. Bei Gott, Einbrecher haben gar keinen so üblen Geschmack. Übrigens scheinen die Geschäfte ganz gut zu gehen, denn Frau Einbrecher trägt Florstrümpfe und Lackschühlein. Hat übrigens niedliche Füße. Glücklicher Einbrecher! Madame hat ein Glas Bier bestellt, ihr Paket vor sich auf den Tisch gelegt und schwatzt mit der Wirtin. Über ganz profane Dinge: Wetter, Wohnungsmisere, Brotpreise. Ganz bürgerlich.

Da kommt auch schon die Agentin herein. Fragt die Wirtin in gebrochenem Deutsch:

„Chaben Sie Zigaretten russische? Ich rauch nur Russen. Ich chaben hier keine bekommen."

Während die Wirtin den Kopf schüttelt, erwidert die Einbrecherfrau:

„Da müssen Sie um die Ecke in den Tabakladen gehen, die haben welche."

„Danke!", sagt die Agentin und geht eilig wieder hinaus.

Ich trinke mein Bier aus, zahle und folge ihr.

Gegenüber der Kneipe sind Anlagen. Hinter einem Gebüsch winkt man mir zu. Es ist meine Friderici, die sich dort verborgen hält, den Abmarsch der Einbrecherfrau zu erwarten.

Nach zwanzig Minuten etwa verläßt die Frau das Wirtshaus und eilt der Straßenecke zu, hinter der sie verschwindet: Sie hat dabei immer noch das Paket im Arm.

Wir laufen, damit sie uns nicht entwischt. Knapp hinter der Ecke prallen wir zurück. Da steht nämlich die Frau im Gespräch mit einer anderen Frau und einem Manne. Als wir an der kleinen Gruppe vorübergehen, faßt die Einbrecherfrau, die mittlerweile das Paket dem Manne übergeben hatte, meine Begleiterin scharf ins Auge und tuschelt ihren Bekannten zu:

„Das ist sie!"

Wir sind von dieser Aeußerung nicht angenehm berührt und treten in den Tabakladen ein, kaufen russische Zigaretten. Wieder draußen sehen wir noch, wie sich die drei eilig nach verschiedenen Richtungen hin entfernen …

Am nächsten Tage beziehen wir um 10 Uhr vormittags unsere Posten. Um 12 Uhr kommt die Frau aus dem Hause. Mit einem Riesenbündel. Sie schaut nach rechts, sie schaut nach links, dann mitten ins Gewühl der Fußgänger auf die Straße hinunter. Die Beamtin hinterher. Die Frau verschwindet im Gewühl. Sie taucht wieder auf. Es ist eine verdammte Sache, sie nicht aus den Augen zu verlieren. Da tritt sie in ein Haus. Wir in eine Kneipe gegenüber dem Hause. Drei Stunden vergehen. Da kommt die Frau aus dem Hause. Sie trägt kein Bündel mehr, sondern nur das Tuch, in das die Sachen gepackt waren. Irgendwo im Hause hat sie sich des Inhalts des Bündels entledigt.

Schnelle Tat tut not. Frau Friderici und ein Beamter verschwinden aus dem Gastzimmer der Kneipe, um nach ein paar Minuten als „Hofsänger" maskiert, wieder zu kommen. Wir gehen quer über die Straße in das Haus. Ich bleibe im Flur, während die beiden Hofsänger ihren Produktionsort, den Hof, betreten. Gleich darauf höre ich den Bariton des Kriminalbeamten erklingen: „Ein rheinisches Mädchen beim rheinischen Wein …" Die Hoffenster öffnen sich. Papiergeld flattert herunter. Frau Friderici sammelt es in der Mütze ihres Begleiters.

Da erscheint an einem Fenster des ersten Stockwerks der Kopf eines Mannes. Die Blicke beider Hofsänger verbohren sich in das Gesicht des Mannes, das sie von der Photographie im Verbrecher-Album gut kennen:

Der echte Einbrecher!

Mit einer netten Einnahme verlassen die Hofsänger den Hof. Dann aber geht es die Holztreppe hinauf. Wir voraus, hinterher die anderen Beamten. Frau Friderici klingelt an einer Tür. Der Mann aus dem Verbrecher-Album öffnet:

„Wat wollen Se?“

In diesem Augenblick schiebt der Beamte einen Fuß zwischen Tür und Schwelle:

„Kriminalpolizei!“

Und die anderen Beamten springen vor und durch die Tür:

„Verhaftet!“

Das Konzertentree bekommt ein Blinder, der sich dafür eine Zigarre kaufen und sich dem süßen Wahn hingeben wird, Feuilletonist zu sein und ein Feuilletonhonorar empfangen zu haben.

Das ist Observation!

DIE BROKATSCHUHE DER TÄNZERIN

EIN KASCHEMMENERLEBNIS

In jener Nacht war es nicht wie in jeder andern. In jener Nacht regnete es, wie man in meinem Vaterlande zu sagen pflegt, in Schnürln. Der Spanner Karl lachte, als er uns ankommen sah. Das wird im „Blauen Strumpf“ noch eine Überschwemmung geben! So rann und rieselte es von den Gästen herab. Und voll war's wieder einmal dort unten! Der „Onkel Hans“, der Boost, will um jeden Preis Millionär werden. Aber eines muß man der braven „Obrigkeit“ in der Kaschemme lassen: wenn sie noch so knüppeldick voll ist, für mich und meine Freunde E. und B. gibt's immer noch einen leeren Tisch. Dafür sorgt schon der Athlet und Preisboxer, der Kompagnon des „Onkel Hans“ und der „Ober“, mit dem ebenfalls, wenn's hart auf hart geht, nicht gut Kirschen zu essen ist. Wir sind dort unten gut akkreditiert. Nicht der hohen Zechen wegen, die wir machen. Man liebt uns so.

Auch Lotte tut das. Lotte ist ein Tanzmäuschen. Kein japanisches, aber doch eins. Sie tanzt in der „Libelle“ und wenn's dort aus ist, geht sie sehr solid in die Kaschemmen. Über ihre Vergangenheit ist nichts zu erfahren. Aber wozu auch! Man genießt bei ihr die Gegenwart. Mir hat sie ihre Freundschaft angetragen. Mehr nicht! Woraus erhellt, daß sie entweder ein sehr tugendhaftes Mädchen ist oder mich für minder kapitalkräftig hält, als es die Kutisker*, Barmats und Holzmann waren ...

In jener Nacht, in der es draußen wie mit Kannen goß, kam Lotte in feinen Brokattanzschuhen in die Kaschemme.

* Iwan Kutisker (1873–1927), Bankier. Anspielung auf den Barmat-Kutisker-Skandal, ein Finanz-Doppelskandal, der Mitte der 1920er-Jahre bekannt wurde.

Sie war auch sonst ballmäßig kostümiert, was sie aber nicht hinderte, Flaschenbier zu trinken. Nur daß sie die „Kalte Ente“ nicht wie die andern aus der Flasche, sondern aus einem Glas trank. Das, meinte sie, wäre sie ihrer Stellung schuldig. Auf die Flasche könne sie immer noch kommen. Später! In reiferen Jahren ...

In jener Nacht war sie auch mit einem großen Paket gekommen. Wäre Lotte nicht Lotte gewesen, dann hätte man meinen können, daß sich in diesem Paket „Sohre“ befand. Was aber konnte bei Lotte in dem Paket sein? Vielleicht war sie gerade im Umzug begriffen? Jedenfalls legte sie es vor sich auf den Tisch. Dann erzählte sie mir von ihrem Liebsten in Neapel, zeigte mir auch sein Bild und seine Neujahrsgrüße, lauter Dinge, die mir sehr gefielen, um so mehr, als ich mich bereits den Fünfzigern nähere.

Als wir aufbrachen, um noch andere Kaschemmen der Ehre unseres Besuches teilhaftig werden zu lassen, fragte mich Lotte als Wohlerzogene, ob sie sich uns anschließen könne. Da meine Freunde nichts dagegen einzuwenden hatten, bejahte ich, ohne dabei an etwas Übles zu denken. Die Sympathie, die Lotte für mich im Herzen trägt, äußerte sich aber nur dadurch, daß sie mich von dieser Sekunde ab als ihren Ritter betrachtete. Kurz, sie belud mich mit ihrem Paket, ließ mich das Garderobengeld für sie zahlen. Ich durfte mich als zur Familie gehörig betrachten. Da mir aber die Brokattanzschuhe noch immer gefielen, wiegte ich das Paket in meinem Arm, als wäre es ein kleines Kind gewesen ...

Als wir die schmale Holztreppe, die aus der Kaschemme in die Linienstraße führt, emporklommen, klatschte der Regen noch immer in schweren, großen Tropfen auf das Asphaltpflaster. Auf der oberen Stufe blieb Lotte stehen.

„Na?“

„Was na?“, frage ich in echt berlinerischem Höflichkeitston.

„Na, du glaubst doch nicht, daß ich bei diesem Schweinewetter in den Tanzschuhen bis zur nächsten Kaschemme laufen würde? Da drüben steht doch eine Droschke!“

Wirklich, da drüben stand eine Droschke. Wie wenn sie auf uns gewartet hätte.

„Aber“, wagte ich noch einzuwenden, „bis zu den ‚Katakomben‘ sind ja nur ein paar Schritte …“

„Quatsch!“, erwiderte Lotte in einem Ton, der keinen Widerspruch duldete. „Wir fahren!“

Während Lotte und ich mit dem großen Paket die alte Droschke bestiegen, amüsierten sich meine Freunde darüber, daß mich mein Schicksal dazu auserkoren hatte, den „Freier“ zu spielen.

„Was hast du denn in dem Paket?“, frage ich Lotte während der Fahrt.

„Zwei Paar Straßenstiefel: braune und schwarze.“

„Und warum ziehst du sie, das heißt wenigstens ein Paar, nicht an?“

„Weil ich nicht mag!“

„Du, hör’ mal, dein Paket werde ich dir auch nicht mehr lange nachtragen. In den ‚Katakomben‘ ziehst du die Stiefel an.“

„Ich werde tun, was mir paßt, verstehst du?“

Die Droschke hielt. Meine Freunde, die ganz gemächlich zu Fuß gegangen waren, standen schon da und bereiteten uns einen herzlichen Empfang.

„Warum so spät?“

„Da müßt ihr das Pferd fragen!“

In den „Katakomben“ war auch großer Betrieb. Das Orchester klebte an der Wand. So voll war es. Apachen-Else und Friedel waren auch da. Sie erhofften von meinem warmen Herzen eine kalte Ente. Ich erklärte aber barsch, daß ich bereits in festen Händen sei. Lotte hatte schon die dritte Flasche Bier, und als ein älterer Herr eintrat, der aus einer Schachtel die Porträts der Zukünftigen nebst Horoskop, beides für zehn Pfennige, ziehen ließ, da nahm sie eine ganze Handvoll. So hatte sie mindestens zehn Zukünftige, eine Zahl, die bei den herrschenden schlechten Zeiten ganz exorbitant erscheint ...

Wer beschrieb mein Entsetzen, als ich beim Verlassen der „Katakomben" bemerkte, daß der Kutscher, mit dem wir hergefahren waren, noch immer vor dem Lokal stand. Ich hatte gehofft, daß in dieser luxusfeindlichen Gegend kein Fuhrwerk aufzutreiben sein würde. „Kerl", dachte ich, „Joachimkeller", sagte ich.

„Im Joachimkeller wirst du die Stiefel bestimmt anziehen, Lotte!" ...

„August mit der kalten Hand" öffnete den Wagenschlag. Lotte hüpfte heraus, als ob es vor der „Libelle" gewesen wäre. Ich hatte Lust, das Paket in der Droschke liegen zu lassen. Da sagte Lotte: „Nimm das Paket!" Worauf ich es gern in den Straßendreck geschmissen hätte.

Während wir im Joachimkeller saßen und uns mit zwei Herren, die soeben aus Sonnenburg nach Berlin zurückgekehrt waren (der eine war wegen Straßenraubes, der andere wegen Nepperei dort gewesen) über politische Dinge unterhielten, reifte in meiner Seele ein schwarzer Plan: ich mußte Lotte und ihr Paket los werden! Koste es, was es wolle!"

Während sich also Lotte zu irgendeinem Zweck in den hinteren Teil des Joachimkellers begeben hatte, erhob ich mich und verließ das Lokal. Meine Freunde mit mir.

Und draußen schlugen wir eine schnelle Gangart ein. Richtung: Augustkeller.

„Ich bin Lotte los, Lotte los, Lotte los!", sang es freudig in mir.

Da flitzte ein Auto an uns vorüber.

Als wir Josefs Heiligtum, den Augustkeller, betreten hatten, waren meine Zwickergläser angelaufen. Als sie wieder klar geworden waren, sah ich – Lotte vor mir stehen. Sie streckte mir das Paket entgegen.

Der Alkohol hat mich schließlich von Lotte befreit. Um fünf Uhr morgens war sie so benebelt, daß sie einen andren Gast für mich hielt und ihm das Paket zur Aufbewahrung gab.

Damit hatte mein Abenteuer mit den Brokatschuhen der Tänzerin sein Ende erreicht.

IM POLIZEIGEFÄNGNIS

Wenn die Biologen meinen, ein Vorrecht darauf zu besitzen, sich mit der „Zelle“ zu beschäftigen, irren sie. Die Zeiten haben es mit sich gebracht, daß der weitaus größere Teil unserer Mitbürger die Zellenpraxis kennen lernen mußte. Und wenn der selige Hans Leuß behauptete, daß ihn nur der Mensch interessiere, der zumindest einmal in Untersuchungshaft gesessen hat, dann – meine ich – hätte er in unseren Tagen gewiß keinen Mangel an interessanten Menschen verspürt. Das republikanische Österreich hat neben anderem die Grafen aus der Welt geschafft, Preußen hat sich damit begnügt, den Para-Grafen den Garaus zu machen. Das heißt, nur scheinbar. In Wirklichkeit bestehen sie noch – genau so, wie in Österreich die Grafen – aber man straft sie derart mit Nichtachtung und Nichtbeachtung, daß es ist, als ob sie gar nicht vorhanden wären. Diese geflissentliche Nichtbeachtung findet natürlich in Fällen, in denen die Polizei, die noch immer existiert, der Nichtbeachter habhaft wird, ihre Bestrafung. Gefängnisse hat es, so lange ich zurückdenken kann, immer gegeben, ich kann mich aber nicht erinnern, daß sie jemals von aktuellerem Reiz gewesen als heute. Man spricht ungeniert von ihnen in der bestangezogenen Gesellschaft, es scheint fast, als ob das, was einst hoffähig gewesen ist, heute gefängnishoffähig sei.

Diese Aktualität war schon Grund genug für mich, den Besuch eines Gefängnisses ins Auge zu fassen. Kam dann aber noch hinzu, daß ich vielfach über die trostlosen Wohnungsverhältnisse jammern hörte. Ich schweige davon, daß mir jüngst ein amerikanischer Eisenbahnkönig begegnete, der mir mit Tränen in den Augen gestand, daß er in Berlin keine Wohnung finden könne und daher im Tiergarten nächtigen müsse. Die Preise, die man von ihm für ein Dach über dem Kopf verlangt habe, seien derartig gewesen, daß er sie selbst mit seinen Dollars nicht bezahlen konnte. Liegen die Verhältnisse im Verkehr mit bezahlten Wohnungen so – dachte ich – wie müssen sie erst dort beschaffen sein, wo der Staat, sei es aus diesen oder jenen Gründen, dem Bürger unentgeltliches Quartier bietet?

Der Dirigent der Berliner Kriminalpolizei, Oberregierungsrat Hoppe, hatte gegen meinen Besuch des Polizeigefängnisses nichts einzuwenden, und Staatsanwalt Dr. Hagemann erbot sich in seiner Eigenschaft als Stellvertretender Leiter der Abteilung IV und als Bearbeiter der Polizeigefängnissachen, meine Führung zu übernehmen. Das Polizeigefängnis hat seit meinem letzten Besuch vor mehreren Jahren manche Umwandlung erfahren. Die zunehmende Kriminalität hat natürlich eine unerhört angewachsene Besetzung des Gefängnisses zur Folge. Während es früher nur als Durchgangsstation für alle jene gedient hatte, die als nächstes Reiseziel Moabit vor Augen hatten, hat es heute in vielen Fällen Charakter und Bedeutung eines Dauerquartiers erhalten. Trotzdem man im Roten Hause am Alexanderplatz keine sonderliche Neigung für die Anhänglichkeit der Gäste verspürt und im Hinblick auf die Aufenthaltsdauer der Schützlinge kaum der Ansicht „Je länger, je lieber" huldigt, muß man es sich dort doch gefallen lassen, daß eine beträchtliche Zahl von Insassen in den Untersuchungsgefängnissen geschlossene Türen findet und – da man nicht allen Dingen freien Lauf lassen kann – im Roten Haus zurückbehalten werden muß. Mußten früher die Polizeigefangenen nach Moabit gehen, um von dem Untersuchungsrichter zu erfahren, ob sie auf dem ihnen liebsten Fuß, dem freien Fuß, fortleben durften oder ob der Staat ein gewisses

Interesse daran habe, sie für einige Zeit dem öffentlichen Verkehr zu entziehen, so kommt heute der Herr Untersuchungsrichter zu ihnen, um täglich einige Stunden hindurch am Alexanderplatz zu amtieren. Diese Zuvorkommenheit in der Bedienung löst allerdings bei den Gästen nur ein geringes Dankbarkeitsgefühl aus. Denn in Berlin C. gehen ihnen doch manche Vorteile verloren, die sie als Untersuchungsgefangene in Moabit genießen dürfen. Da sind zuerst die hübschen Spaziergänge in der Moabiter Luft, die natürlich im Polizeipräsidium in Ermangelung der zu Promenaden nötigen Örtlichkeiten unmöglich sind. Dann ist bei polizeilich Gefangenen eine viel schärfere Trennung notwendig als bei Untersuchungsgefangenen, ein Umstand, der von manchem Geselligkeitsliebenden schmerzlich empfunden wird. Der Mensch in seinem Freiheitsdrange liebt es nicht, wenn ihm allzu scharf auf die Finger geguckt wird. Im Polizeigefängnis muß dies aber geschehen, denn es ist in letzter Zeit besonders oft vorgekommen, daß Liebesgaben, die für die Gefangenen abgegeben wurden, Feilen, Brechstangen und andere niedliche Dinge enthielten …

Nachdem wir die Welt der verschlossenen Türen betreten hatten, bemerkte ich, daß das Erdgeschoß des Gefängnistraktes von Maurern wimmelt, die Wände durchbrechen, Decken weißen und andere revolutionäre Arbeiten verrichten. Es sind die Vorboten der großen Reformen, die innerhalb des Gefängnisses geschaffen werden. Man hat mit Recht gefunden, daß gewisse Amtsräume, die ihrer Bestimmung nach in innigem Zusammenhang mit dem Gefängnis stehen, in abgelegenen Trakten des Riesenhauses untergebracht sind. Um die Häftlinge aus dem populären Zimmer 86 – dem Aufnahmezimmer – in das Gefängnis zu bringen, war es nötig, sie durch eine Zahl von Gängen und über den Lichthof des Präsidiums marschieren zu lassen. Dieses Zimmer 86 wird nun im Gefängnistrakte selbst untergebracht werden. Und dicht neben ihm werden sich die Räume des Kommissars vom Dienst, das Sistiertenzimmer, der Ruheraum für die Beamten, ein Sprechzimmer usw. befinden.

Mein liebenswürdiger Begleiter und ich werden nicht müde, immer neue Treppen zu steigen und uns immer neue Türen aufschließen zu lassen. Ich habe noch selten von einem Bau einen gleich starken Eindruck von Geschlossenheit empfangen. Auf dem Wege gesellte sich Gefängnisinspektor Gaul, ein braver, menschenfreundlicher Herr, zu uns, der mir gern etwas von dem Tagesprogramm im Gefängnis erzählt. Um 7 Uhr wird das Frühstück, das aus einem Liter Kaffee und 100 Gramm Brot besteht, verabreicht. Von Arabien hat dieser Kaffee allerdings nicht viel gesehen, nicht einmal von Dresden. Es ist von den Gästen, die ihn serviert erhalten, gewiß nicht liebenswürdig, wenn sie ihn als „Blumenerde“ bezeichnen, immerhin läßt diese Bezeichnung auf das Vorhandensein eines poetischen Empfindens schließen. Um ½12 Uhr schleppen die Kalfaktoren das Mittagessen, das teils in der eigenen Küche, teils in einer benachbarten Volksküche hergestellt wird, heran. Es besteht aus einem Liter Gemüsesuppe und 70 Gramm Brot. Während ich über den Nährwert dieses Menüs keinen Aufschluß erhalte, wird sein finanzieller Wert mit 1,20 M. beziffert. Abends um ½6 Uhr erscheint abermals der obligate Liter Suppe in Begleitung der Brotration. Die Suppe soll, sagt man, von vorzüglichem Geschmack sein, denn die Volksküche wird streng darauf kontrolliert, daß sie hinsichtlich der Beschaffenheit des Essens den abgeschlossenen Vertrag einhält.

Auf allen Stationen herrscht Ruhe, und ich bin beinahe erstaunt, als mir Inspektor Gaul erzählt, daß Exzesse im

Hause nicht zu den Seltenheiten gehören. Unduldsamer und zu Ausschreitungen leichter geneigt als die Männer sind die Frauen. Als einziges Strafmittel gegen radausüchtige Elemente wird die Abschließung in einer Isolierzelle angewandt.

Das Berliner Polizeigefängnis weist 150 Einzelzellen und 3 Gemeinschaftssäle für Männer und 22 Einzelzellen und 4 Gemeinschaftssäle für Frauen auf. Es hat einen normalen Fassungsraum von 224 Personen. Heute aber beherbergt es über 300 Insassen.

Und nun wollte ich erst von meinen Erlebnissen im Polizeigefängnis zu erzählen beginnen und muß doch schließen für heute. Meine Abenteuer zu berichten, spare ich für ein anderes Mal auf …

BESUCH IN DER ZELLE DES REUIGEN

Die Leitung des Moabiter Untersuchungsgefängnisses gestattete mir eine Unterredung mit dem Strafgefangenen Erich Strauß, dem Bruder Emils. Es sind dies bekanntlich die Brüder Strauß, die durch ihre kühnen Fluchtversuche und tatsächlichen Entweichungen aus Zuchthäusern, durch zahlreiche schwere und waghalsig ausgeführte Einbrüche und nicht zuletzt durch den Totschlag an dem Kriminalwachtmeister Erdmann die allgemeine Aufmerksamkeit auf sich gelenkt hatten und die dann vom Schwurgericht zu je zweimal zehn Jahren Zuchthaus verurteilt worden waren. Erich, der jüngere der Brüder, ist heute achtundzwanzig Jahre alt, verbüßt seine Strafe im Neu-Strelitzer Zuchthaus, befindet sich aber augenblicklich als Transportgefangener im Moabiter Untersuchungsgefängnis.

Als ich in Begleitung des Abteilungsvorstehers Schmidt seine Zelle betrat, war Erich Strauß gerade damit beschäftigt, Pulverdüten für Apotheker zu kleben!

Bei unserem Eintritt erhob er sich, ich reichte ihm die Hand und machte ihn mit dem Zweck meines Besuches bekannt. Ich sah, daß Erich Strauß nach den bereits verbüßten sechs Jahren seiner Strafe noch genau so aussieht wie nach dem Tage seiner Verhaftung, an dem ich ihn mit seinem Bruder Emil im Zimmer der Kriminalkommissare Dr. Grünberg und Bünger gesehen hatte. Nur sein Blick scheint mir klarer und offener geworden zu sein. In ihm drückt sich Ergebung in sein Schicksal aus: „Ich war ein Gewaltmensch, heute bin ich ein anderer ...“

Nun entspann sich zwischen Strauß und mir folgendes Frage- und Antwortspiel:

„Wie stellen Sie sich Ihre Zukunft vor, und welche Pläne haben Sie?“

„Ich möchte mich schon jetzt in einem „Moorkommando“ melden, das heißt zu einem Trupp von Sträflingen, der nach Ostpreußen geht, um dort Moraste trocken zu legen und Boden urbar zu machen. Wenn ich mich weiter so gut führe wie bisher, hoffe ich, daß mir ein Teil meiner Strafe erlassen wird. Dann will ich dort Siedler werden, selbständiger Landwirt. Ich kenne ja von daheim aus die Landwirtschaft. Und an Fleiß und Ausdauer soll es wahrlich nicht fehlen!“

„An welche Begebenheiten und Personen aus Ihrer Vergangenheit denken Sie am meisten?“

„Ich denke sehr oft in Liebe und Dankbarkeit des Kriminaloberwachtmeisters Dettmann, der unsere Verhaftung vorgenommen hat und dessen kaltblütigem Auftreten wir es allein zu danken haben, daß unser Gewissen nicht mit einer neuen Bluttat belastet wurde. Gern denke ich auch unseres freundlichen Verteidigers Dr. Karl Löwenthal, der uns immer ein Freund geblieben ist und dem wir manchen Trost und Zuspruch zu verdanken haben. Unter den Menschen, die meinem Bruder und mir viel Gutes erwiesen haben, sind auch noch der Pfleger Bischof, der uns, als wir in das Polizeipräsidium eingeliefert worden waren, freundlich und gut behandelt hat, und der Pastor Diestel ...“

„Und Ihre Familie?“

„Ich habe seit anderthalb Jahren jeden Verkehr mit ihr unterbrochen. Ich habe weder von meinem Vater, noch von meinen beiden Schwestern, noch von meinem zweiten Bruder, die alle in Berlin wohnten, ein Lebenszeichen erhalten, weiß gar nicht, ob sie noch alle am Leben sind ...“

„Wie betätigen Sie sich in Ihren Freistunden?“

„Ich bin von Haus aus Tapezierer und Dekorateur. Möglich, daß man mich darum zur Filetstickerei angehalten hat. Ich habe es in Neu-Strelitz in der Herstellung von Kissen-

und Vorhangeinsätzen zu großer Fertigung gebracht. Mitunter spiele ich auch Schach. Entweder mit drei anderen Strafgefangenen oder allein. Doktor Löwenthal hat mir ein Lehrbuch geschenkt, nach dem ich mir dann meine Aufgaben selbst stelle."

„Was liegt Ihnen besonders am Herzen, das die Welt erfahren soll?"

„Bitte, schreiben Sie von den schrecklichen Jahren meiner Kindheit, von dem grenzenlosen Elend in meinem Vaterhause. Daß diese Zeit allein schuld daran war, daß ich zu dem wurde, was ich geworden bin. Bitte, schreiben Sie das? Ich weiß, alles das ist haarklein im Prozeß zur Sprache gekommen. Aber ich möchte doch, daß es noch einmal erwähnt wird. Mein Vater war Gelegenheitsarbeiter, ein notorischer Trinker, der die Mutter so lange mißhandelte, bis sie sich erhängte. Ich trug Zeitungen aus. Mußte um 5 Uhr früh aus dem Hause. Ohne Frühstück. Stahl dann aus Hunger Gebäck aus den Brotbeuteln, die an den Türen hingen. Um 8 Uhr mußte ich in der Schule sein. Aus Müdigkeit schlief ich ein. Wurde dann bestraft. In der Schule Prügel, daheim Prügel. Vom siebenten Jahr an lebte ich vom Diebstahl ...

Und dann, bitte schreiben Sie auch, daß die Gefangenen jetzt viel menschlicher behandelt werden als früher. Das sage ich nicht, weil der Herr Vorsteher da ist, sondern aus ehrlicher Überzeugung! Gerade diese gütige Behandlung, die uns auch von dem untersten Beamten zuteil wird, hat gemacht, daß ich innerlich ein ganz anderer geworden bin. Ich war ein Gewaltmensch, heute bin ich ein anderer ..."

„Denken Sie mehr an die Vergangenheit oder an die Zukunft?"

„Bitte, halten Sie mich nicht für verrückt, aber ich träume sehr oft mitten am Tage, mitten im Wachen. Ich träume dann, wie es hätte anders kommen können! Ich träume dann von einem Landhäuschen, von einer Frau und – von einem Kinde. Wir sitzen dann oft vor dem kleinen Haus und dann – erwache ich und sehe mich plötzlich in – meiner Zelle … Aber, bitte, halten Sie mich nicht für verrückt!"

„Denken Sie oft an Emil, Ihren Bruder?"

„Ich liebe meinen Bruder, den ich für viel klüger halte, als ich es bin. Aber ich habe seit langer Zeit jede Verbindung mit ihm aufgegeben. Er hat sich theologischen Studien hingegeben und da möchte ich ihn nicht stören. Ich kann darin auch nicht mit ihm gehen. Er ist mir ja geistig weit überlegen."

„Lesen Sie, und welche Bücher bevorzugen Sie?"

„Jetzt lese ich ein Buch „Der praktische Radioamateur", das mir der Herr Vorsteher geliehen hat und das mich sehr interessiert. Hier habe ich auch noch einen Band von Velhagen und Klasings Monatsheften und ein paar kunstgewerbliche Schriften. Zeitungen mag ich nicht, weil ich mich für Politik gar nicht interessiere."

„Vermissen Sie die Frauen?"

„Ich hatte sie sehr gern. Einst besaß ich sogar eine richtige Braut. Ich sehne mich oft nach einer Frau …"

Die Zellentür ist verschlossen. Die Fenster auch. Aber die Frühlingssonne weiß doch ihren Weg zu finden. Sie flutete in die Zelle Erich Strauß'!

„Ich sehne mich oft nach einer Frau …"

BEIM POLIZEI-PHOTOGRAPHEN

EIN STÜNDCHEN IM PHOTOGRAPHISCHEN ATELIER DES BERLINER POLIZEIPRÄSIDIUMS

Eine alte österreichische Redensart heißt: „Höher geht's nimmer." Sie fiel mir ein, als ich die vier Treppen des Polizei-Photographen emporkeuchte. Ein Aufzug ist zwar da, aber ich weiß nicht, ob er überhaupt benutzbar ist oder von wem er benutzt werden darf. Beamte, Verbrecher und Feuilletonisten sind wenigstens gezwungen, die Höhe eigenfüßig zu erklimmen.

Ich muß gestehen, daß es gerade diese Kraxelei gewesen ist, die mich so lange davor zurückgehalten hatte, dem Atelier meinen Besuch abzustatten. Interessiert hat mich der Raum, in dem das Material für das Verbrecheralbum angefertigt wird, schon immer. Ich sammelte also Energien, bis ich so viele zusammen hatte, um den Weg in die Höhe anzutreten. Ich bin kein Feind der Einsamkeit, in diesem Falle aber dachte ich, daß es besser sei, die Reise in angenehmer Gesellschaft zu absolvieren. Darum wartete ich im Erdgeschoß so lange, bis sich ein paar Herren zusammengefunden hatten, die das gleiche Ziel erreichen wollten. Und ich brauchte auch gar nicht lange zu harren, da waren ein Einbrecher, ein Hehler und ein Straßenräuber gekommen, die ihre Führer an der Hand hatten. Wir begannen also die Treppen emporzusteigen. Dabei erzählte der Einbrecher, der der Mode zum Trotz noch immer einen „Es-ist-erreicht"-Schnurrbart trug, daß er eigentlich ein prinzipieller Gegner des Photographiertwerdens sei, da es doch zumeist aus Gründen der Eitelkeit heraus geschehe. Heute koste das Zeug überdies eine Menge Geld und im Grunde genommen hätte man doch nichts davon. Der Hehler meinte wiederum, er hätte noch gar nichts dagegen, wenn man wenigstens ein paar Bilder mit auf die Hand bekäme. Seine Frau quäle ihn schon lange, daß er sich mal abnehmen lasse. Für die Kinder, damit die doch auch mal wüßten, wie ihr Vater ausgesehen habe. Der Räuber sagte gar nichts. Er besaß offenbar nicht die geistige Stärke, sich über derlei Dinge Gedanken zu machen. Dafür nahm er immer zwei Stufen auf einmal. Seine Tüchtigkeit schien in seinen Lungenflügeln zu liegen.

Endlich hatten wir eine eisenbeschlagene Tür erreicht. Es war die erste Ateliertür meines Lebens, die ich eisenbeschlagen gesehen habe. Es war unheimlich. Wir betraten einen schmalen Gang, der geradeswegs ins Atelier führte. Das Polizeiatelier unterscheidet sich wenig von dem eines andern x-beliebigen photographischen Ateliers. Nur daß es den üblichen Komfort vermissen läßt. Auf der Leinwand, die in den Rahmen gespannt ist und die den Hintergrund für das Opfer der Lichtbildkunst abgibt, erblickt man keine Landschaften, keine Palmen und Schlösser. Sie ist ratzekahl. Und der Stuhl, der vor ihr steht, ist nicht mit Sammet und Seide überzogen, auch kein Stuhl, sondern mehr ein Stühlchen, dessen Sitz verstellbar ist. Sonst ist in dem Atelier nur noch ein Apparat zu sehen, der dem Tagesgebrauch dient, dann noch ein Reproduktionsapparat, der zur Vervielfältigung von Fingerabdrücken und Schriften benutzt wird und – merkwürdigerweise – ein Riesenohr, das über dem eisernen Ofen hängt. Was dieses Ohr, das aussah, als ob es einem anatomischen Museum entstamme, hier zu tun hat, blieb mir ein Rätsel. Da aber jeder andere Wandschmuck fehlte, bekleidet es wahrscheinlich einzig und allein die Funktion eines Zierrates. Wofür ihm der Schönheitssucher und Ästhet allen Endes auch dankbar sein muß.

Das erste bekannte Lebewesen, das mir in dieser fremden Umgebung entgegentrat, war der Kriminalwachtmeister Kunisch, ein sehr lieber und beleibter Herr, dem die Leitung des photographischen Dienstes anvertraut ist. Wir sind, wie schon gesagt, alte Bekannte, denn wir waren seit Jahren auf den verschiedensten Mordtatorten zusammengetroffen, wo Kunisch die Leichen der Ermordeten photographierte. Während meine Reisegefährten über die Treppen, Einbrecher, Hehler und Räuber, veranlaßt wurden, ihre Exterieurs der Linse des Apparates preiszugeben, klärte mich Herr Kunisch über Wesen und Handhabung des photographischen Polizeidienstes auf.

„Wir photographieren gewerbsmäßige Verbrecher, dann Leute, deren Persönlichkeit nach dem Bilde festgestellt werden soll und schließlich unbekannte Leichen. Im abgelaufenen Jahre haben wir über 5 000 Aufnahmen gemacht. An Personen wurden 3 469, an Leichen 72, an Tatorten 49, an Spuren, Wunden und an Fälschungen 485 und an Nachbildungen von Bildern und Schriften 560 photographiert. Das Verbrecheralbum zählt heute rund 30 000 Bilder. Wir nehmen bei jeder Person drei Aufnahmen vor, die erste von der Seite, die zweite von vorn, die dritte mit Mantel und Hut ...“

Während Herr Kunisch also sprach, sollte der Einbrecher gerade Mantel und Hut anlegen, um sich zur dritten Aufnahme bereit zu machen. „Nu haben Se mir schon zweemall abjeknipst, mir scheint, Se kenn nich jenuch an mir bekomm! Ick mechte nur wissen, wozu da Schwindel mit Paletot und Hut jut sein soll ...“

Herr Kunisch fuhr fort: „Wenn einer – was mitunter auch vorkommt – eine Perücke trägt, dann wird von ihm noch eine vierte Aufnahme gemacht.“

„Kommen bei Ihnen oft Fälle von Widersetzlichkeit vor?“ frage ich.

„Früher ja, heute aber scheint es, als ob alle zahm geworden wären. Wir haben gegenwärtig mehr junge als alte Leute zu photographieren und die jungen benehmen sich viel ruhiger und gesitteter."

„Wie zeigen sich denn die Frauen bei den Aufnahmen?"

„Frauen sind schwieriger zu behandeln als Männer. Wenn sie photographiert werden sollen, beginnen sie oft zu weinen, um im nächsten Augenblick wieder zu lachen. Sie können sich denken, was das dann mitunter für Bilder gibt."

„Wie teuer stellt sich gegenwärtig eine Aufnahme?"

„Die Materialkosten für drei Aufnahmen und sechs bis zwanzig Abzüge sind sehr teuer, doch würden sie gewiss 100 Prozent mehr betragen, wenn ich nicht durch die Wahl eines kleineren Formats Ersparungsmaßnahmen getroffen hätte. Die sogenannte „kleine Einteilung" bewirkt ein ganz außerordentliches Ersparnis."

Während der photographierende Polizeigehilfe das Stühlchen gerade zurecht rückt, um den Hehler von der Seite aufzunehmen, führt mich Herr Kunisch in eine Kammer, die an das Atelier stößt, in die Mordbereitschaftskammer. Dort zeigt er mir die 18/24-Kamera, die für den nächsten Mordalarm bereit liegt, dann die vier Reserve-Kameras, ferner den Objektivsatz von Zeiß für die Aufnahmen von Tatbeständen, des weiteren die 9/12-Spiegel-Reflex-Kamera, die für Momentaufnahmen bei Straßenunruhen usw. dient, mehrere Geheimapparate, die von Beamten unter dem Hut oder in den Knopflöchern getragen werden und schließlich das sogenannte Kipp-Dreieck, das zum Photographieren von Leichen von unten nach oben oder von oben nach unten benutzt wird.

Damit habe ich gesehen, was im Atelier des Polizeipräsidiums zu sehen ist.

Wie wir zum Polizei-Photographen gekommen sind, verlassen wir ihn wieder. Voran meine Freunde, der Einbrecher, der Hehler und der Räuber mit ihren Schützern. Hinten nach ich. Und als ich im Parterre angekommen abschwenke, um das Ausgangstor des Hauses zu erreichen, sehe ich, wie die Blicke meiner Gefährten sehnsuchtsvoll an mir haften. Fast fühle ich mich beschämt, so von andern Menschen beneidet zu werden.

DIE DAMEN IM VERBRECHERALBUM

Die Bezeichnung „Damen“ kennt man in der Amtssprache der Berliner Kriminalpolizei nicht. Es ist da nur von „Frauen“ die Rede, oder wenn es sich um Verbrecherinnen handelt, von „Weibern“. Diesen Ausdruck, der übrigens etwas ungemein Biblisches an sich hat, finde ich dann auch in Goldpressung auf dem Rücken der Bände des Verbrecheralbums. Dort heißt es z.B.: Mörder (Männer) Band 1, und auf dem Rücken des Bandes 2 steht: „Mörder (Weiber) usw. Man hätte sparen können, wenn man auf Band 2 einfach „Mörderinnen“ hätte pressen lassen, aber damals, als die bauchigen Bücher hergestellt worden waren, ist es wahrlich noch nicht auf ein bißchen mehr oder weniger Gold angekommen. Damals hatten noch die Zwanzigmarkstücke gerollt, und man galt noch nicht als Protz, wenn man eins in der Hand hielt und in der Sonne funkeln ließ. *Tempi passati!*

Aus der Bibliothek des Berliner Verbrecheralbums – das Album ist wahrlich eine Bibliothek, denn es besteht aus mehr als dreißig Bänden – griff ich drei Bände, die die Bilder von Hochstaplerinnen, Betrügerinnen und von „Weibern“ enthielten, für die man im Gesetz eine eigene Bezeichnung hat, die ich aber mit ungleich größerer Delikatesse als das Gesetz Priesterinnen der Venus und zugleich Priesterinnen Merkurs nennen möchte. Um mich präziser auszudrücken: die Frauen, deren Bilder der dritte, von mir ausgewählte Band enthält, dienen nicht nur der Liebe, sondern auch dem Diebstahl, mit einem Wort, sie beklauen die, die sich ihnen sehnend genaht, um von ihnen den Apfel der Erkenntnis zu erlangen.

Dieses Album durchblätterte ich zuerst, und ich staunte über die Menge derer, die unter Unterdrückung einer jeden romantischen Regung dem krassesten Realismus untertan sind. Nun läßt sich nicht gerade behaupten, daß dieses Album der Eroto-Kleptomaninnen zugleich ein Album weiblicher Schönheit und Grazie wäre. Fast möchte ich sagen: im Gegenteil. Wenn man nicht von der Wahrheitsliebe der photographischen Linse überzeugt wäre, würde man es nicht für möglich halten, daß die meisten der hier im Bilde festgehaltenen Frauen in die Lage gekommen sind, Männer, die für sie in Liebe entbrannt waren, zu bestehlen. Denn es sind unter ihnen Exemplare zu sehen, die längst Großmutterfreuden genossen haben dürften. Solchen Frauen begegnet man in den Arbeitervierteln und Vorstadtstraßen, und man hält sie für die Frauen von Handwerkern und Arbeitern. Sie haben Gesichter, die nicht nur von Jahren, sondern viel tiefer noch von durchlebten Sorgen und erlittenen Schmerzen durchfurcht sind.

Neben den Bildern dieser Veteraninnen der Straße sind die zahlreichen „Nutten“ zu sehen. Und auch beim Anblick dieser scheint es, als ob es jedes einigermaßen hübsche Mädchen verschmähte, den Beruf einer Prostituierten, kombiniert mit dem einer Diebin, zu ergreifen. Es sind nicht allein die Physiognomien, in denen sich eine unsägliche Verkommenheit und Armut ausdrückt, auch die Kleidungsstücke sprechen eine Sprache für sich, die sich allerdings mit der der Gesichter völlig deckt. Armseliger Trödelkram ist, was die Leiber dieser weiblichen Outsiders einhüllt. Hier haben Elend und Mittellosigkeit die Entfaltung der Eitelkeit unterdrückt. Nur selten, ganz selten zeigt sich eine leise, fast verschämte Spur der Putzsucht. Über manchem Jumper hängt eine Kette von Beinperlen, und mitunter zeigt ein alter Hut das ungelenke Bestreben seiner Besitzerin, ihm eine moderne Form zu geben. In dieser Umgebung grenzenloser Dürftigkeit und Verwahrlosung fallen natürlich ein paar Mädchen, die sich in bezug auf ihr Äußeres von den meisten übrigen unterscheiden, besonders auf. Da gibt es einige in Männertracht, die kurzgeschnittenes Haar, Stehkragen, Krawatte und Schlapphut tragen, dann eine, die Schwesterntracht angelegt und eine Brosche mit einer siebenzackigen Krone vorgesteckt hat, dann eine Matrosin, auf deren Mützenband „S.M.S. Scharnhorst" zu lesen ist. Als Clou der Gesellschaft aber, sozusagen als Phänomen, erscheint eine Frau in Soireetoilette. So steht sie da, hochmütig, herausfordernd, dem Polizeiphotographen gegenüber, der alles gleich macht.

Wenn man in diesen Kreisen nach typischen Merkmalen fahndet, fällt einem vor allem ein ziemlich gleichförmiger Gesichtsausdruck auf. Nach den Mienen vieler zu schließen, kommen sie sich im Augenblick des Photographiertwerdens ungemein wichtig vor. Sie hatten das Gefühl, daß man sich mit ihnen beschäftigt, und dieses Gefühl verlieh ihren Gesichtern den Ausdruck selbstbewußten Ernstes. Nur hier und da, daß eine frech, zynisch oder boshaft in den Photographenkasten hineinlachte.

Und noch etwas ist, das sich vielleicht verallgemeinern läßt: der breite Mund, die wulstigen, aufgeworfenen Lippen.

An manchen Stellen des Buches, auf denen sich ehedem Bilder befanden, ist ein Zettel aufgeklebt, auf dem ein Datum und darunter der kurze Vermerk „Verstorben" zu lesen ist. Der Tod hat nicht nur die Lebensflamme der Unglücklichen, sondern auch ihr Bild im Verbrecheralbum ausgelöscht. Man bemüht sich nicht mehr, denn niemand wird nach ihnen fahnden.

Finden sich in diesem Bande neben den Bildern vieler älterer und alter Frauen auch viele junger und jüngster Mädchen, so gleicht der Inhalt des Bandes „Hochstaplerinnen“ einer Massenaufnahme aus der Altweibermühle. Wenn man allgemein glaubt, daß eine Hochstaplerin nur jung, schön und elegant auftreten muß, so wird man beim Ansehen der Galerie im Verbrecheralbum flugs *ad absurdum* geführt. Es ist, als ob sich nur reife und reifste Frauen zu diesem Berufe drängen. Von Eleganz, Distinguiertheit ist diesen Frauen nichts anzumerken. Ich sehe eine, deren scharfe Augen mit einem Kneifer bewaffnet sind, eine andere trägt einen wallenden Witwenschleier, und eine dritte hielt es für angebracht, in der Mode der seligen Maria Stuart zu erscheinen. Ansonsten bekunden die Physiognomien kaum die bei Hochstaplerinnen erwartete Gerissenheit und Schönheit. Hier scheint das Raffinement, dessen sie allenendes doch zur Ausführung ihrer Straftaten bedurften, aus blauwollenen Strümpfen und karierten Barchentröcken hervorgegangen zu sein.

Band Nr. 3: „Betrügerinnen“ bekräftigt, was mir bereits im ersten Band nicht eben angenehm aufgefallen ist: daß es nicht eben die schönsten Frauen sind, an denen die Paragraphen nagen. Weibliche Reize vermögen viel und ihre Verschwendung muß jeder Art von Verbrecherin das Handwerk erleichtern. Wie schwer mußte es also den Insassinnen des Verbrecheralbums geworden sein, zu ihrem Ziel, dem Photographen im Polizeipräsidium, zu gelangen. Denn sie wurden gewiß in ihrem Vorhaben nicht durch den Zauber einer berückenden Persönlichkeit unterstützt.

Und ich befand mich in keiner allzu gehobenen Stimmung, als ich die „Damen im Verbrecheralbum“ verließ …

DAS BERLINER LEICHENSCHAUHAUS

Unweit einer der belebtesten und lärmendsten Straßenkreuzungen, dem Oranienburger Tor in der Hannoverschen Straße, liegt ein niedriges, jedoch ziemlich langgestrecktes Haus von nicht unfreundlichem Aussehen. Kein Uneingeweihter würde vermuten, daß dieses Gebäude, das in seinem Äußern einem harmlosen Beamtenhaus ähnelt, das Leichenschauhaus ist. Wenn sich nicht rechts von der Eingangstür eine drehbare Tafel befände, die auf einer Seite die Aufschrift „Das Schauhaus ist geöffnet", auf der andern die Aufschrift „Das Schauhaus ist geschlossen" trägt, würde man den Charakter des Gebäudes nicht erkennen.

Da ich eine halbe Stunde vor 8 Uhr morgens an dem Ziel meiner Wanderung angelangt war, hatte ich Zeit und Muße genug, mich mit der Einrichtung des Wartezimmers vertraut zu machen. Schlag 8 Uhr tritt der verdienstvolle Leiter des Hauses in das Wartezimmer. Er begrüßt mich mit einem freundlichen Händedruck und ladet mich dann ein, ihm zu folgen. Zwei Unterbeamte schließen sich uns an. Eine Treppe hinunter. Durch lange matt erhellte Gänge, an deren Decken dicke eiserne Röhren laufen, in denen es unaufhörlich saust und braust. „Der Ventilator für die Leichenzellen", bemerkte mein Führer. Wir betreten einen Raum, in dem eine riesige Maschine arbeitet: die Eismaschine des Schauhauses. In ihr wird Ammoniakgas komprimiert. Durch den ungeheuren Druck, der auf die Substanz ausgeübt wird, entsteht eine Wärme von 18 Grad. Diese Wärme verflüchtigt in einem größeren Gefäß; bei diesem Vorgange wird die Kälte frei. Die also erzeugte Kälte wirkt auf Schlangenröhren, die, um ein Gefrierenlassen des Ammoniaks zu verhindern, eine starke Salzlösung enthalten. Die Schlangenröhren führen in jede einzelne Leichenzelle; die von ihnen ausstrahlende Kälte ermöglicht es, Leichen auf mehrere Tage hinaus zu erhalten. Außerdem wirkt in jeder Zelle der Ventilator, der beständig frische Luft zutreibt und die verbrauchte entfernt. Weiter! Die Leichenkammer. Ein kaltes, finsteres Gewölbe, in das von außen her kein Lichtstrahl dringt. An der Längswand die Leichenzellen. Wie die „Safes-deposits" in unseren Großbanken. Kästen mit schwarzen, eisernen Türen, auf denen, sofern die Zelle eine Leiche beherbergt, die Nummer der Leiche angeschrieben ist.

Die „offizielle Leichenschau" beginnt. Einer der Unterbeamten erstattet die Meldung: „Sieben Leichen." „Nehmen Sie die Traglampe!" Der Beamte ergreift eine Glühlampe. Zwei Leute rollen ein auf Rädern laufendes Eisengestell heran. Es wird vor die Tür der ersten Zelle geschoben. „Öffnen!" Die Eisentür wird geöffnet. Ich sehe tief im Dunkel etwas Bleiches, Wächsernes: die Leiche. Die Beamten erfassen den Griff einer Platte, ziehen sie aus der Zelle hervor und lassen sie auf das Eisengestell gleiten. Auf der Platte liegt die Leiche: ein Kind von etwa zehn Jahren, das von der Straßenbahn überfahren worden ist. Neben der Leiche liegt ein blauer Zettel: der Totenschein, auf dem Namen, Stand, Todesursache und Einlieferungstermin vermerkt sind. Weiter: eine Wasserleiche. Dann: ein Selbstmörder. An den Lippen und am Kinn Brandflecke. Dann ein Selbstmörder: Schuß in die Schläfe. Ein Erhängter. Ferner: ein Ertrunkener. Endlich: ein Kindchen von vielleicht einem Jahr, das mit einem Totenhemdchen zugedeckt ist. Die Türen werden geschlossen, das Gestell wird weggerollt. Die Leichenschau ist beendet.

Wir steigen die Treppe empor. Im Parterre öffnet mein Führer eine Tür. „Nicht hineingehen!", warnt er. „Drinn' wimmelt es von Flöhen!“ Ich sehe in das Zimmer. Zu Bergen gehäuft liegen auf dem Boden alle möglichen Kleidungsstücke: Männer- und Frauenröcke, Hüte Strümpfe, Mieder, Westen. Alles in Bündeln und auf jedem Bündel ein beschriebener Zettel. „Die Hinterlassenschaften derer, die wir im letzten Jahre hier gehabt haben“, erklärt der Beamte. Wenn sich niemand als Erbe meldet, und wenn die Kleider nicht hinreichen, um durch ihren Verkauf die Beerdigungskosten, die sich bei uns auf 13 Mark 80 Pfennige stellen, zu decken, dann bewahren wir das Erbe hier noch einige Zeitlang auf.“ – Die Hauskapelle, dann ein schmaler Raum, in dem die Särge aufgestapelt sind. „Man nennt se Nasenquetscher“, bemerkte mein freundlicher Führer; „sie sind es aber in Wirklichkeit nicht. Die Leichen sind noch immer bequem in ihnen untergebracht worden.“ Neben den großen, aus weichem Holz hergestellten, schwarz angestrichenen und mit Handgriffen versehenen Särgen fallen mir ein paar Kindersärge auf. Wir befinden uns in einer Art Loggia: „Über diesen Gang werden die Leichen, um die sich niemand kümmert, in das dem Schauhaus angegliederte Institut für gerichtliche Medizin gebracht. Die Obduktionen finden teils in der Leichenkammer, teils im Institut statt.“ Nun betreten wir noch ein Zimmer, in dem sich einige lange Tische befinden, die zum Teil mit chirurgischen Instrumenten bedeckt sind. In diesem Zimmer teilte mir mein Mentor noch einige interessante Dinge über das Schauhaus und über die darin übliche Gepflogenheit mit:

„Unter den 2400 Leichen, die alljährlich bei uns eingeliefert werden, befinden sich alle Leichen, deren Todesursache durch den Arzt nicht festgestellt werden konnte, ferner alle Verunglückten, Selbstmörder und Ermordeten. Ist die

Todesursache durch den Gerichtsarzt im Schauhause festgestellt worden, dann werden die Leichen von der Staatsanwaltschaft bzw. von der Polizei freigegeben. Das heißt, sie dürfen dann von den Angehörigen in Empfang genommen und beerdigt werden. Meldet sich aber niemand, dann wird die Leiche durch uns begraben. Hier sei eins bemerkt: Jede Leiche erhält ihren eigenen Sarg. Unbekannte Leichen werden drei Tage lang öffentlich ausgestellt. Aber nur dann, wenn sie „gut" aussehen. Sind Kopf und Gesicht allzusehr entstellt, dann versuchen wir, Rekonstruktionen der fehlenden oder verstümmelten Teile vorzunehmen. Dadurch haben wir den Erkennungsdienst schon oft gefördert. Muß aber eine Leiche als „unbekannt" begraben werden, dann werden vorher von ihr photographische Aufnahmen gemacht. Außerdem heben wir Abschnitte von den Kleidern der eingelieferten Leiche auf. Die Stoffteile werden gewaschen, getrocknet und hierauf auf Bogen geheftet. Auf diese Weise wurde schon oft eine Leiche lange nach ihrer Beerdigung rekognosziert." – Dann erzählte mir mein Gewährsmann von der Wirksamkeit der Mordkommission. „Die telegraphische Anzeige eines Mordes gelangt von dem zuständigen Polizeirevier an das Polizeipräsidium, wo die sogenannte Mordkommission permanenten Dienst unterhält. Die Kommission besteht aus vier Kommissaren, dreißig bis vierzig Kriminalschutzleuten, die nach jedem Falle wechseln, einem Inspektor vom Erkennungsdienst mit Beamten, die photographische Aufnahmen, Abgüsse von Fuß- und Fingerspuren und Leichenmessungen vornehmen; ferner schließen sich ihr ein Gerichtsarzt, der Staatsanwalt und der Untersuchungsrichter an. Vom Polizeipräsidium wird telegraphische Meldung des Mordes an alle Reviere und das Schauhaus weitergeleitet."

Voll innerer Bewegung verließ ich dann die düstere Stätte. Draußen lag heller Morgenschein auf der Straße, und das nimmer rastende Leben der Weltstadt verriet nichts davon, daß es täglich seine Opfer fordert.

AUS DEN GEHEIMNISSEN EINES IRRENHAUSES

Ich glaube es mir versagen zu können, an dieser Stelle des längeren und breiteren zu berichten, wer Cora Cohn ist, die mich ersuchte, ihren Erzählungen aus dem Irrenhause zu lauschen, um das Gehörte später in Form einer Schilderung schriftlich niederzulegen. Was man auch gegen Cora Cohn vorzubringen hat, Tatsache ist, daß sie eine kluge Frau ist, die ihre Gedanken zu sammeln vermag und in anregender Art zu plaudern versteht. Meiner Bitte, streng bei der Wahrheit zu bleiben und sich jeder Übertreibung zu enthalten, mag sie wohl entsprochen haben. Wenigstens konnte ich aus dem, was sie mir erzählte, nicht den Eindruck gewinnen, daß es ihr darauf ankam, persönlichen Animositäten Raum zu schaffen.

Cora Cohn berichtete:

„Es war am 1. März 1923, als man mich infolge eines Gutachtens des Gefängnisarztes Dr. Ludwig Hirsch aus dem Untersuchungsgefängnis Moabit, wohin ich wegen eines begangenen Betruges gebracht worden war, in die Irrenanstalt Herzberge transportierte. Das Gutachten lautete auf gemeingefährliche Geisteskrankheit (moralischen Irrsinn).

Ich war infolge der erlittenen Haft – sie hatte vom 12. September 1922 bis zum 28. Februar 1923 gedauert – körperlich sehr heruntergekommen. Darum nahm ich mit Freuden wahr, daß die Schlafgelegenheit in Herzberge besser beschaffen war als in Moabit. Vor allem aber tat es mir wohl, daß man mich wieder mit „Frau Cohn“ und nicht, wie im Untersuchungsgefängnis, kurzweg „Cohn“ titulierte.

Am Tage nach meiner Einlieferung wurde ich in das „Verordnungszimmer“ beschieden, woselbst sich neben dem leitenden Arzt noch ein Assistenzarzt, die Oberpflegerin und als Gast ein amerikanischer Arzt befanden. Ich lehnte es ab, in Gegenwart so vieler Personen dem leitenden Arzt auf seine Fragen Rede und Antwort zu stehen. Meiner Weigerung wurde auch entsprochen. Ich durfte das Zimmer verlassen, ohne irgendwelche Aufklärungen gegeben zu haben.

Mitte Mai wurde in unserem Schlafsaal, den ich mit zwölf anderen Patienten teilte, davon erzählt, daß es mehreren Frauen gelungen sei, aus der Irrenanstalt zu fliehen. Es gäbe eine Pflegerin, die gegen ein Geschenk gern bereit wäre, ihre hilfreiche Hand zur Flucht zu bieten. Dadurch, daß ich oft den Wunsch geäußert hatte, diesem schrecklichen Hause zu entfliehen, kam ich in den Verdacht, daß es mir mit meinen Fluchtplänen ernst sei. Kurz, eines Tages marschierten vier Pflegerinnen vor mir auf, von denen mir eine zurief: „Kommen Sie mit!" Wir begaben uns in ein Zimmer, wo ich mich splitternackt ausziehen mußte. Die Schwestern wollten feststellen, ob sie bei mir einen Schlüssel zu einem der äußeren Tore fänden. Aber sie fanden keinen Schlüssel, wohl aber Geld, das in Herzberge bei sich zu führen ebenfalls verboten ist.

Zur Strafe wurde ich aus der unteren Etage nach oben verlegt.

Eine meiner Mitpatientinnen, eine gewisse Frau M., hatte gegen mich einen Groll gefaßt, der sich dadurch entlud, daß sie zwei andere, ein junges, halb blödsinniges Mädchen und eine 78jährige Frau, aufforderte, zum Arzt zu gehen und diesem zu berichten, daß ich im Schlafsaal Nackttänze aufgeführt hätte. Trotzdem die Aussagen von Geisteskranken nach den Vorschriften nicht geglaubt werden dürfen, glaubte der Arzt den verlogenen Angaben der beiden, und ich wurde ohne jede Vernehmung in das Tobsuchtshaus gesperrt. Auf dem Wege dahin begegnete mir der Chefarzt,

Dr. K. Für meine Beschwerde hatte er aber nichts übrig als ein kurzes Achselzucken. Dann wendete er sich von mir ab.

Ich habe in meinem Leben viel Menschenleid und -elend gesehen und glaubte, gegen derartige Anblicke ziemlich abgestumpft zu sein. Was ich aber im Tobsuchtshause in Herzberge zu sehen und zu hören bekam, ließ mir das Blut erstarren. Was sich da im Korridor umhertrieb, glich mehr Tieren als Menschen. Mehr als 50 Frauen schrien, sangen, lachten, weinten und pfiffen durcheinander. Manche von ihnen wälzten sich auf dem Boden umher, manche tanzten … Und diese ganze Schar wie losgelassen sich Gebärdender wurde nur von zwei Pflegerinnen überwacht, die ruhig strickend an beiden Enden des Korridors saßen …

Ich zog mir die besondere Ungunst der Oberpflegerin dadurch zu, daß ich ihr Anzeige von der Art und Weise machte, wie eine Frau, die gefüttert werden mußte, von einer Pflegerin hier behandelt würde. Die Pflegerin, die der Armen Nahrung einflößen sollte, stieß ihr mit dem Löffel derart gegen die Zähne, daß diese in Gefahr waren, herausgeschlagen zu werden. Dieser Fall, der von mir angezeigt worden war, sollte untersucht werden, wurde aber in der Tat niemals untersucht.

Die Anzeige hatte aber zur Folge, daß das Pflegepersonal sehr mißtrauisch gegen mich geworden war. Ich hörte mehr als einmal, daß eine Pflegerin zur anderen sagte: „Hören Sie, nehmen Sie sich vor der Cohn in acht!" Was ich früher öfters mit ansehen gemußt hatte, daß Kranke von den Schwestern geschlagen und an den Haaren gezogen worden waren, sah ich nun nicht mehr. Das war für mich nur angenehm. Ebenso angenehm war es, daß man mich bei der Essenausgabe aus demselben Grund besonders berücksichtigte. Während das bessere Essen, wie Belag, Saucen, Fleischstücke, das von der Anstaltsküche den Kranken zugedacht war, sehr oft in die Mägen der Schwestern wanderte, bekam ich nicht nur meine vollen Rationen, sondern noch mehr. Man fürchtete eben meine „Petzereien".

Während meines Aufenthaltes in Herzberge wurde ich öfters zum Arzt zur „Beobachtung" gerufen. Diese Beobachtung bestand darin, daß er mich nach dem Unterschied zwischen Treppe und Stufe, See oder Fluß fragte, mir Rechenaufgaben stellte und mich eine Fabel von Lessing vorlesen ließ.

Das Tagesprogramm in Herzberge ist ungefähr folgendes: 6 Uhr Aufstehen und Waschen, 7 Uhr Frühstück (schwarzer Kaffee mit einer Marmeladenstulle. Die Marmelade wird mit einem Pinsel auf das Brot gestrichen.). Nach dem Frühstück heißt es: „Zum Laufen kommen!" oder „Zum Baden!" Um 9.15 Uhr zweites Frühstück (nichtarbeitende Patientinnen ein Margarinebrot, arbeitende eines mit Belag). Von 9.30 bis 12 Uhr Spiel (Schach oder Dame). Um 12 Uhr Mittag. Das Essen meist in Blechschüsseln. Wer zufällig eine Emailleschüssel bekommt, kann lachen. Nach dem Essen Gartenpromenade. 3 Uhr Kaffee mit Marmeladenstulle. 6 Uhr Abendbrot: ein Topf Suppe mit einer Margarinebrotschnitte. Um 7 Uhr ertönt der eigentliche Ruf: „Die Zähne abgeben!" Um 7.30 Uhr erlischt das Licht ...

Ich atmete auf, als ich am 13. Dezember 1923 aus dem „Hexenhaus" in Herzberge wieder nach dem Moabiter Untersuchungsgefängnis zurückkehren durfte. Fand ich doch dort wieder die prachtvolle Oberin, Fräulein Drache, eine wahrhafte Menschenfreundin, und die braven Aufseherinnen, Frau Thümmler und Fräulein Kuhlway, deren Verhalten zu allen Gefangenen musterhaft zu nennen ist. Und schließlich hatte ich den grundgütigen Medizinalrat Dr. Thiele wieder, der mir den Mut gab, mein hartes Schicksal weiter ertragen zu können ...

MARTHA

Vor ein paar Tagen haben Beamte des Wasserschutzes aus der Spree einen weiblichen Leichnam gezogen. Die eingeleiteten Nachforschungen nach der Identität der Toten ergaben, daß sie das Kontrollmädchen Martha H. war, die unter dem Spitznamen „Die schlesische Martha" in der Gegend des Alexanderplatzes sehr bekannt gewesen war. Von ihrer Wirtin war sie bereits vermißt und die Anzeige erstattet worden. Auf ihrem Bett hatte sich ein Zettel befunden, auf dem in Marthas ungelenker Handschrift folgende Zeilen standen: „Liebe Frau R.! Wenn Sie diesen Zettel finden, werde ich nicht mehr sein. Warum? Weil ich dann ins Wasser gegangen sein werde. Wenn Sie im Bett nachsuchen, werden Sie unter dem Laken auf der Matratze einen schwarzen Strumpf finden. In diesem Strumpf stecken zwanzig Mark. Es ist alles, was ich habe. Es ist viel Geld, aber was habe ich davon? Wem soll ich es geben? Seitdem ich Paule ins Zuchthaus gebracht habe und die Menschen darum nichts mehr von mir wissen wollen, habe ich keine Seele mehr, der ich das Geld schenken könnte. Es macht mir auch keine Lust mehr, neues zu verdienen, da ich ja doch nicht weiß wofür. Und auch die Verachtung der anderen Mädchen und der Zuhälter kann ich nicht mehr ertragen, da ich doch früher einen so guten Ruf gehabt hatte, den ich mir durch das dumme Verpfeifen verscherzt habe. Darum gehe ich auch aus dem Leben, und es fällt mir leicht. Verwenden Sie das Pfund für sich oder kaufen Sie dafür einen schönen Kranz mit großen Blumen, den Sie in das Schauhaus tragen können. Dem Paule teilen Sie ja nichts mit, wenn Sie mich gefunden haben werden, denn, wenn er auch eine große Wut auf mich hat, könnte er sich doch kränken. Wenn Sie ihn später einmal sprechen, wenn er mal herauskommen wird, dann sagen Sie ihm, daß er doch so viele Jahre lang von mir gelebt hat, und daß er mir darum nicht mehr böse sein soll. Dann werde ich auch Ruhe im Grabe haben. Eher nicht! Das sagen Sie ihm bitte auch! Ich möchte Sie noch um eines bitten: Nehmen Sie mein gelbes Kleid, das ich immer ganz gerne hatte, aus dem Spinde und tragen Sie es ins Schauhaus, daß ich es angezogen bekomme, wenn sie mich in den Sarg legen. In die Zeitung möchte ich auch nicht kommen deswegen. Telephonieren Sie es doch an die Zeitung. Die Leute, die sich dafür interessieren, werden es am Ende ja doch erfahren. Warum soll es dann noch gedruckt werden. Und grüßen Sie mir noch die Alma, und sagen Sie ihr, sie soll auf dem Talon vorsichtiger sein. Die anderen Mädchen sind eifersüchtig auf sie, weil sie erfahren haben, daß sie einen langen Freier hat, der ihr die doppelte „Marie" gibt als den anderen. Sagen Sie ihr, daß sie die Sitte scharf auf sie gemacht haben, und daß ihr kein Unglück passiert. Auch Ihren kleinen Hund können Sie mir noch von mir grüßen. Ich habe im Wäschespind, rechts oben, im ersten Fach, ein paar Zuckerstücke für ihn verwahrt, die können Sie ihm zur Erinnerung an mich geben. Ade, du häßliche Welt, bald werde ich dich nicht mehr sehen!"

Der Selbstmord Martha H. 's hatte folgende Vorgeschichte:

Der Liebste Marthas war der Fleischer-Paule gewesen, ein schwerer Junge durch und durch. Bevor er sich gänzlich der Zuhälterei und dem Beruf eines Geldschrankknackers gewidmet hatte, war er Boxer und Ringkämpfer gewesen. Er hatte Riesenkräfte, und viele hatten erfahren müssen, daß es nicht gut war, Kirschen mit ihm zu essen. Vor ein paar Jahren hatte er Martha kennengelernt, die damals erst frisch unter

„Sitte“ gekommen war. Er war ein Riese und sie ein kleines, schmächtiges Persönchen von zierlicher Gestalt, mit einem blonden Wuschelkopf und großen blauen Augen. Das war ihm zuerst so komisch erschienen: eine Liebste, die er mit einem Druck seines kleinen Fingers hätte zu Boden werfen können. Er hatte für dieses Geschöpfchen, das so ganz ohne Wehr existierte, Mitleid gefühlt. So etwas forderte ja gerade zum Schutz heraus! Was wollte die machen, wenn irgendein Kerl brutal gegen sie wurde, oder wenn ihr irgendein „Greifer“ zu nahe trat? Und Martha wiederum sah den Paule voll Staunen im Blick an: War das ein Kesser! War das einer! –

So kam's, daß die beiden miteinander gingen. Erst: er aus Mitleid und sie aus Bewunderung für seine Kraft und Stärke. Bald waren aber Mitleid und Bewunderung zu Liebe geworden, zu einer echten, rechten Apachenliebe. Wenn niemand, auch die Polente nicht, Macht über den Paule hatte, das kleine Nichtschen Martha hatte sie. Und renommierte er in den Kaschemmen mit seinen Muskeln, sprach und erzählte er im Verein von seinem Bizeps, dann wurde er schwach und still wie ein braves Kind, wenn er mit Martha war. Und nannte sie, seine sonst ungeschlachte Zärtlichkeit beiseite lassend, nur „Mein Muttchen!“

Er war ein zu ausgepichter, schwerer Junge, als daß er nicht gewußt hätte, daß fast alles Übel, das über seine Zunftgenossen hereinbrach, vom Weibe kam. Fast immer hatte er es erleben müssen, daß seine Kollegen durch Weibergepfeife „hochgegangen“ waren. Darum hatte er anfangs auch gezögert, Martha zur Mitwisserin seiner „Geschäftsgeheimnisse“ zu machen. Aber endlich hatte er doch Sehnsucht nach irgendeiner Seele gefühlt, der er sich restlos anvertrauen könnte. Apachen-Erich und Harem-Emil waren unbedingt treu und echt. Mit denen konnte er ohne Furcht und Bangen alles reden. Aber die beiden waren oft auf „Tour" und dann war er mit Martha beisammen, die ihn mit ihrer kleinen, durchsichtigen Hand über den Schädel strich. Und dann fürchtete er sich beinahe, Geheimnisse vor ihr zu haben, jawohl, er fürchtete sich wirklich oder sah sich für einen schlechten, undankbaren Kerl an.

Und einmal hatte er ihr zu erzählen begonnen. Und seither wußte sie alles, was Paule um seine Freiheit, ja wohl gar um seinen Kopf bringen konnte … Und seither liebte sie ihn noch stärker. Und hielt „dicht". Paules „Fälle" vermehrten sich immer mehr und mehr. Und bei allem hatte er „Schwein". Seine Komplizen wurden „alle". Er blieb unentdeckt! Sein „Massel" wurde sprichwörtlich. Martha hielt „dicht".

Hielt „dicht", bis sie ihn in der vorigen Woche mit der dicken Trude erwischt hatte … Erwischt? Sie hatte die beiden unten im Hausflur im Gespräch gesehen. Nichts weiter. Sie hatten nur miteinander gesprochen … Da hatte das kleine Herz Marthas eine Wut empfunden, einen Haß gegen Paule, der mit einer anderen sprach … Und sie rannte zum nächsten Sipomann und weinte, keuchte den an: „Ein Zuhälter! Ein Einbrecher! Dort! … Dort! … Dort!"

So war Paule „alle" geworden. Und wer erst einmal „alle" geworden ist – heißt es in den Kreisen – um dessen „Massel" ist es für immer geschehen …

Martha aber wurde von diesem Augenblick an auf ihrem Talon von allen gemieden. „Sie hat ihren Liebsten verpfiffen!", hieß es. Und die Mädchen riefen ihr höhnische Worte nach, spuckten vor ihr aus, und die Männer sahen sie aus drohenden Augen an …

Darum war Martha H. ins Wasser gegangen …

MORDKOMMISSION

Die Beamten hatten im Mordzimmer getan, was zu tun gewesen war. Nun betraten sie die anstoßende kleine Küche, wo der Kommissar die inzwischen herbeigerufenen Hausbewohner verhören wollte.

Da stand die Portiersfrau Damaschke, die Nachbarin der Ermordeten, die alte Frau Müschebon mit ihren Mieterinnen, der blonden Schiele-Else und der schwarzen Apachen-Trude und Herr Klemens Majewski, ein alter Händler, von dem jedermann wußte, daß er den leisesten Schlaf im Hause habe und daß er jedes Geräusch vernahm, das bei nachtschlafender Zeit im Hause überhaupt zu hören war.

Der Kommissar befand sich in übler Laune. Die Untersuchung des Tatortes hatte nicht die leiseste Spur, den leisesten Hinweis auf die Person des Täters ergeben.

Es war weder der bekannte Knopf, noch das Taschentuch, das Mörder, sofern sie überhaupt eins besitzen, bei der Leiche zu vergessen pflegen, noch ein Bart- oder Kopfhaar vorgefunden worden. Auch irgendein Fingerabdruck hatte sich trotz des reichlich aufgewendeten Schwarzpulvers nicht nachweisen lassen.

Das Mädel war glatt stranguliert worden. Mit ihrem eigenen Handtuch. Und als Knebel hatte ihr der Kerl einen Zipfel ihres Nachthemdes in den Mund gepreßt. Daß ein Raubmord vorlag, bewiesen die gewaltsam erbrochenen, durchwühlten Schubfächer des alten Vertikos und der geöffnete Koffer der Toten, in dem auch alles drunter und drüber lag.

Nun setzte sich der Kommissar auf den einzigen Stuhl, der sich in der kleinen, schmutzigen Küche befand, und sah die Anwesenden, die, eng aneinander gedrückt, um ihn herumstanden, der Reihe nach scharf an.

„Wer von Ihnen ist die Portiersfrau?"

Frau Damaschke suchte einen kleinen Sprung nach vorn zu machen: „Ick, Herr Kriminalbeamta."

„Sie haben doch die Ermordete gekannt?"

„Na, ob! Ob ick se jekannt habe! Se hatte doch drei Jahre lang in dieset Haus hier jewohnt."

„Womit hat sie sich denn beschäftigt?"

„Beschefticht? Du lieba Jott, Herr Beamter, womit bescheftricht sich denn so'n junget, liebet Ding? Womit kann sich denn so'n zartet Jeschepfchen schon bescheftijen, wenn es erscht mall de ganze Schlechtichkeit von die Menna – Se entschuldijen schon, Herr Kriminalbeamta – akannt hat? Der Polizei jenieba war se als Jescheftsdame jemeldet. Det ist doch üblich, det'n Kind och een Namen hat ..."

„Besaß sie bestimmte Freunde?"

„Jotte, natürlich doch! Wovon hätte sie denn sonst de Miete, det Abonnemang uff die Zeitung und allet iebrige bezahlen sollen? Natierlich mußte sie welche haben, die ihr schtark unta de schwache Arme jegriffen habn."

„Ich meine, ob sie Liebhaber gehabt hatte, sagen wir meinetwegen Zuhälter?"

„Nee, Herr Kriminalbeamter, det hatte sie nich! Dazu war se zu'n anschtenjet Mechen, uff solche vakommene Ideen is se nie jekommn! Det hette ooch ihre olle, ehrbare Mutta niemals nich zujegeben. Ernstlich hatte sie et niemals jemeent, denn sie wollte noch mall hinterher heiraten. Davon hat sie imma geschwermt. Und nich den erschtn Bestn! Ick darf mir nich so valiebn, sachte sie oft, ick muß mir for de Ehe rein ahaltn. So'n bravet Mechen war de Lissi, Herr Kriminalbeamta!"

„Kannten Sie keinen der Männer, die bei Lissi ein- und ausgingen?!"

„Ja, meenen Se denn, Herr Kriminalbeamta, ick kenne det janze Adreßbuch von Berlin? Ick habe doch meene Arbeet im Hause! Wir haben so vielle Mechen bei uns wohn. Da kann man doch keen Jebablick von een valang! Det is doch wie eene Parade uffs Tempelhofa Feld."

„Verdächtigen Sie niemanden?"

„Det kann ick ooch nich so ohne weiteret sagen. Es jibt so vielle Jesindel uff der Welt. Da muß ick erscht nachsinn. Mir sitzt der Schreck noch so in de Jlieda. Jesund bin ick ooch nich. So wat in'n reellet Haus! Wo ick noch allet so propr halte. Aber den Menschen von heite is eben nischt mehr heilich ..."

„Sie sind ...", wendet sich der Kommissar an Herrn Majewski.

„Majewski ist mein Name, Herr Kommissar, Klemens Majewski. Händler. Vierundfünfzig Jahre alt. Protestantisch. Ledig ..."

„Man sagt, daß Sie alles hören, was nachts im Hause vorgeht?"

„Alles, Herr Kommissar! Abgesehen davon, daß ich an der Treppe schlafe, habe ich einen sehr leisen Schlaf, Herr Kommissar. Ich höre die Fliegen husten, wie man so sagt, Herr Kommissar ..."

„Und was haben Sie heute nacht gehört, Herr Majewski?"

„Nichts, Herr Kommissar. Es ist seltsam. Aber es ist wahr."

„Wann haben Sie die Tote zum letztenmal gesehen?"

„Vor ungefähr drei Monaten, Herr Kommissar. Da sagte sie: Guten Tag, Herr Majewski. Sie soll viele Besuche gehabt haben. Einmal borgte ich mir einen Gummikragen von ihr. Aber gehört habe ich diese Nacht nichts, Herr Kommissar. Es ist seltsam ..."

„Auf diese Weise werden wir schwerlich weiterkommen. Nun haben wir doch diese drei Frauen da."

„Sie wohnten“, fragte der Kommissar Frau Müscheborn, „mit der Ermordeten Wand an Wand?“

Frau Müscheborn tat, als ob diese Frage nicht an sie gerichtet worden wäre. Schiele-Else und Apachen-Trude kicherten.

„Wenn Se mit der olln Müscheborn sprechen wolln, Herr Kommissar, denn missen Se schon brilln. So leicht vaschteht se keen, se ist taub!“

Die Mädchen stießen Frau Müscheborn in die Seite und wiesen auf den Kriminalkommissar. Dabei zeigte Apachen-Trude auf ihren Mund.

Langsam richtete nun die alte Frau ihren müden, halberloschenen Blick auf den Beamten.

„Ja, Herr Kommissar, det sind zwee janz famose Mechens, de Else und de Trude.“

„Um des Himmels willen“, stöhnte der Kriminalkommissar, „diese Frau kann man doch nicht nach den Wahrnehmungen, die sie heute nacht gemacht hat, fragen!“

„Nee, da wird'n Se ooch nich weit kommn, Herr Kommessar“, meine die Schiele-Else, „und wir könn ooch nischt sagn, denn wir warn de janze Nacht außa Hause. Bei eene Jeburtstachsfeia. Und als wir heimkertn, jab't eene Leiche im Hause. Ick aba habt' dem Aas, der Lissi, imma jesacht, et wird mall so endn. Se hat't zu doll jetriebn in de letzte Zeit. Unsaeent hatte durch se Mihe, reel durch det bißken Leben zu komm.“

Während Frau Damaschke und Herr Majewski die Treppe hinuntersteigen, um in ihre Wohnungen zurückzukehren, meint Frau Damaschke: „Wenn de Polente gloobt, det wa ihr in de Hende arbeeten werdn, denn irrt se ihr. Ick weeß von nischt! Und Sie, Herr Majewski?“

„Ick habe nichts gehört. Es ist seltsam. Aber es ist wahr ...“

Leo Heller, 1927

Bettina Müller

DAS 8-UHR-ABENDBLATT IST DA!

Leo Heller auf der Suche nach dem dunklen Berlin

Teplitz in Nordböhmen um 1890. In der Hellerschen Fabrikantenvilla hängt der Haussegen schief. Familienoberhaupt Siegmund Richard Heller ist entsetzt, weil der Schuldirektor ihm soeben zugetragen hat, dass man seinen Sohn Leo wegen des Besuchs eines anrüchigen Lokals der Lehranstalt verwiesen habe. Der Vater schimpft empört, die Mutter Ida schweigt beschämt. Was soll nur aus dem Jungen werden? Gesenkten Hauptes verlässt Leo den Raum der Schmach. Doch Letztere ist nur temporär, weil Leo nämlich gar nicht daran denkt, sich solche Eskapaden in Zukunft verbieten zu lassen.

Der am 18. März 1876 in Wien geborene vermeintlich missratene Sohn verspürt schon früh den Hang zum Ungewöhnlichen, zur Exzentrik. Er liest gerne, schreibt schwärmerische Gedichte und ist musikalisch veranlagt. Doch die in Teplitz alteingesessene jüdische Familie Heller, die sich in wenigen Jahrzehnten aus einfachen Verhältnissen zu angesehenen und wohlhabenden Kaufleuten hat hocharbeiten können, hat sehr hohe Erwartungen an ihren Spross, und „brotlose Kunst“ gehört nicht dazu. Aus dem Jungen soll doch etwas Anständiges werden, am Besten auch ein Kaufmann, wie der Vater, der als Gesellschafter in der Firma seines Bruders, Moritz Heller & Cie., arbeitet, einem Export- und Kommissionshandel für Kurzwaren in Teplitz mit Filiale in Wien. Oder noch besser: ein Beamter, das wäre auch ganz wunderbar. Leo fügt sich zunächst, erleichtert schickt der Vater ihn nach Prag, wo er die Handelsakademie besucht. Dann geht der große Traum von Siegmund Heller in Erfüllung, der der Albtraum seines Sohnes ist: Leo wird Beamter bei der Böhmischen Union-Bank – „erzwungenermaßen", wie Heller Jahre später in einem Artikel über seine Jugenderinnerungen in der „Prager Presse" niederschreiben wird. Vier Jahre lang quält er sich durch die nicht enden wollenden Tage in der Bank, während er eigentlich von ganz anderen Dingen als Münzen, Geldscheinen und Wechseln träumt. Es ist nicht der schnöde Mammon, der ihn lockt, sondern die schönen Künste. Er will schreiben und nichts anderes. Tagsüber gibt sich Heller resigniert der Monotonie des Arbeitsalltags hin, danach geht er beschwingt nach Hause an den Schreibtisch. Erste Zeitschriften zeigen Interesse an seinen Gedichten und Skizzen, und: Sie zahlen dafür Geld. So beflügelt, wagt er den alles entscheidenden Schritt, bewirbt sich beim Deutschen Prager Abendblatt, wo man ihm tatsächlich eine Chance gibt. Er kündigt bei seiner ungeliebten Bank und wird dann zwei Jahre lang in die Geheimnisse einer Zeitungsredaktion eingeweiht. Für die Lokalredaktion darf er über Mordfälle und Ballfeste schreiben, aber auch humoristische Plaudereien verfassen. In seiner Freizeit sucht er derweil Kontakt zu Gleichgesinnten und schließt sich dem Verein „Jung Prag" an, einem unorthodoxen Kreis von jungen Lyrikern, die sich um ihr Idol Rainer Maria Rilke geschart haben.

1900 ist der Schriftsteller Ernst von Wolzogen im fernen Berlin auf der Suche nach Textlieferanten für sein neu gegründetes Kabarett „Überbrett'l", das erste Kabarett in Deutschland. Er möchte Heller, von dem er sehr angetan einige Gedichte gelesen hat, für sich gewinnen. Der zögert nicht lange, bricht kurzerhand seine Zelte in Prag ab und verlässt am 1. Februar 1901 die Stadt in Richtung Deutschland, um sich dort als freier Schriftsteller niederzulassen.

Als Berliner Neuankömmling ist Heller fasziniert von den vielen ungewohnten Eindrücken. Wie riesig die Stadt doch ist und wie seltsam die Menschen manchmal sprechen. Alles ist so anders als in Teplitz-Schönau, wie der Kurort seit 1895 heißt, die Kleinstadt, in der er Kindheit und Jugend verbracht hat. Und obwohl Heller zunächst noch mit der neuen Umgebung fremdelt – „um wie viel lieber geh ich durch die Gassen, der kleinen Stadt, wo eins das andere kennt", schreibt er in seinem Gedicht „Großstadt" –, kann er sich bald dem Sog der deutschen Reichshauptstadt nicht entziehen. Vor allem ist es das dunkle Berlin, das ihn magisch anzieht und das ihn fasziniert. Die Schattenseiten der Stadt und vor allem die Menschen, die sich nicht im kaiserlichen Glanz sonnen können. Das gibt ihm sein naturalistischer Grundsatz vor, der der Kern seiner Kunst ist. Heller will die ungeschönte Wirklichkeit zeigen, und so entstehen mitunter schonungslose Werke, die dem Leser einiges abverlangen. Diese in gewisser Weise antibürgerliche Haltung mündet nämlich auch in über 40 „Dirnenliedern", für die er die Texte schreibt, und die derb und ordinär in den einschlägigen Kabaretts vorgetragen werden. Mitunter schrammen sie nur knapp an der kaiserlichen Zensur vorbei.

In Berlin entwickelt Heller sich zu einem sehr produktiven Schriftsteller, dessen Texte in ungezählten Publikationen der unterschiedlichsten Ausrichtungen erscheinen, „von den modernsten Revuen, bis zu den sanften Familienblättern, von den harmlosen ‚Meggendorfern' bis zur ‚Jugend' und dem ‚Simplicissimus'", wie Oskar Wiener, ein alter

Freund aus Prager Zeiten, über ihn berichtet. 1902 veröffentlicht Heller sein erstes Buch, „Volkslied", eine Sammlung seiner „Brett'l-Lieder"-Texte, die für die Bühne von renommierten Künstlern wie zum Beispiel dem österreichischen Operettenkomponist Oscar Straus vertont und von Sängerinnen wie Bozena Bradsky vorgetragen werden. Heller gilt nun zunächst als „sentimentaler Volksdichter", der seine Protagonisten in der Regel ausgiebig leiden lässt. Mitunter neigt er tatsächlich zur Sentimentalität, die, wie ein Kritiker bitterböse schreibt, „dem Germanen an die Nieren gehen", sie sind aber nur eine Facette des Künstlers. Hellers Texte sind manchmal tatsächlich sehr drastisch, handeln von verlassenen jungen Mädchen, vom Elend einer Waschfrau, einer Straßendirne oder von einem „Dienstmädel", das von ihrem Dienstherrn missbraucht wird: „Bin nur ein armes Ding vom Land, Lasst meine rote, harte Hand, Ich weiss, Ihr könnt mich strafen, Ach gnäd'ger Herr, seid nicht so rau, Ihr habt ja eine schöne Frau, Ich bitt' Euch, – lasst mich schlafen." Hoffnungslosigkeit und Ausweglosigkeit sind die fatalistischen Leitmotive, Berlin ist nun als Moloch, der die Menschen reihenweise verschleißt, der passende Rahmen für Hellers Texte. Und so muss auch der Tod eine übergeordnete Rolle spielen. Aus dem Jahr 1905 stammt Hellers epische Ballade „Hans Mors", und der ist eben kein Geringerer als der Sensenmann, dem niemand entkommt: „Hans Mors kommt, hört ihr den schlurren Marsch, Hans Mors ist kein Schmeichler, Hans Mors ist barsch, Hans Mors hat kein Herz, er kennt keine Zeit, er dengelt die Sense, er prüft ihren Schneid', er nickt zufrieden, er tritt in das Haus, und holt mit der Hippe zum Streiche aus."

1906 heiratet Leo Heller Regina Friedländer geb. Oppler. Auf dem Standesamt IVa in Kreuzberg geben sich der Poet und die Putzmacherin am 16. Mai das Jawort. Wieder gibt sich Heller für die damalige Zeit unkonventionell: seine zehn Jahre ältere Braut ist von dem Kaufmann Hugo Friedländer geschieden. Den Namen ihres Ex-Mannes wird sie jedoch für ihren exklusiven Hut-Salon beibehalten, weil er zu ihrem Markenzeichen geworden ist. Dabei bedient sie in ihrem feudalen Ladengeschäft genau die Klientel, der ihr Ehemann für seine Werke am liebsten aus dem Weg geht, denn, wie er selber Jahre später im Vorwort zu „Aus Ecken und Winkeln" zugeben wird, endet seine Interessensphäre „an der Grenze, an der Sweater, Seglermütze und Halstuch ‚verebben' und Smoking, Shimmyschuhe und Gürtelspanne ihre Herrschaft antreten". Über ein Jahr nach seiner Heirat tritt Heller aus der Jüdischen Gemeinde von Berlin aus. Ob er sehr religiös war, wissen wir nicht; in seinen Texten jedenfalls spielt das Judentum kaum eine Rolle. Zu Beginn der 1910er-Jahre wird er freier Mitarbeiter des renommierten Berliner Tageblatts, die vor dem Ersten Weltkrieg die auflagenstärkste Tageszeitung in der Hauptstadt ist. Die Presselandschaft ist nun auf ihn aufmerksam geworden, und um 1916 lässt er bereits auf seiner Visitenkarte verlauten, dass er nicht nur Mitarbeiter dieser Zeitung, sondern unter anderem auch der „Leipziger Neuesten Nachrichten" und der „Königsberger Hartungschen Zeitung" sei. Den Ersten Weltkrieg verbringt er größtenteils im k.u.k. Kriegspressequartier und kann so dem Dienst an der Waffe entgehen. 1917 wird Heller schließlich vom Berliner „8-Uhr-Abendblatt (National-Zeitung)" als Redakteur fest angestellt. Mit dieser Position hat er eine gewisse finanzielle Sicherheit, kann sich in seiner Freizeit aber nach wie vor auch seiner geliebten Lyrik widmen. Zudem verfasst er weiterhin Texte für Kabaretts, wie zum Beispiel für Trude Hesterbergs „Wilde Bühne" oder für

Max Reinhards „Schall und Rauch". Für das 8-Uhr-Abendblatt wird er über die Jahre Prominente wie Claire Waldoff, Hermann Sudermann oder Heinrich Zille interviewen. Er schreibt über Komponisten, Maler, Schauspielerinnen, Tänzerinnen, Bildhauer, Mediziner, Schriftsteller. Er macht sich aber auch zu ausgiebigen Stadtspaziergängen auf, wobei er sich nicht planlos durch Raum und Zeit treiben lässt, sondern immer ein konkretes Ziel hat. Die Leser besuchen mit ihm Alt-Berlin, den Rummelplatz, Berliner Ball-Lokale und Kabaretts und zahlreiche andere Orte, die meisten davon sind heute längst verschwunden.

Durch die radikal veränderten politischen und gesellschaftlichen Verhältnisse nach dem Ersten Weltkrieg bestimmen Armut, Massenarbeitslosigkeit und Wohnungsnot den Alltag vieler Berliner. Gerade in den Großstädten wirken Krisen wie ein Brennglas, das nun verstärkt soziales Elend ans Tageslicht bringt. Man kann die Augen vor den Massen an Arbeitslosen, Bettlern, Kriegsversehrten, Prostituierten und anderer Notleidenden nicht mehr verschließen. Auf seinen Streifzügen durch die Stadt sieht Heller, wie groß die Verzweiflung in manchen Stadtteilen ist, wie dicht aneinandergedrängt die Menschen in den nicht enden wollenden Straßenzügen mit den kargen Mietskasernen oder Laubenkolonien vor sich hinvegetieren. Vor allem der ärmere Norden und der Osten der Stadt haben es ihm dennoch angetan. Von diesen Gegenden will er die ungeschönte Wirklichkeit zeigen. Mit offenen Augen geht er daher durch Berlin und sieht, wie ärmlich die Menschen zuweilen aussehen, völlig abgerissen und vorzeitig verhärmt. Er erblickt Kinder, die noch nicht einmal Schuhe tragen, während ihre Eltern zu Hause im Kalten sitzen, weil sie kein Geld für Kohlen haben, um die hoffnungslos überfüllte Wohnung zu beheizen.

Und wie grell geschminkt doch die Prostituierten auf den Straßen sind, am Wittenbergplatz, in der Münzstraße und anderswo. Aber eigentlich findet er sie dennoch schön, die devoten Damen im lasterhaften Berlin. Und um das zu erforschen, hat Heller längst Kontakte zum Berliner Polizeipräsidium geknüpft. Bereits 1914 hat er die Polizeibeamten zum ersten Mal auf einer Razzia begleiten dürfen, um dann seine Erlebnisse journalistisch festzuhalten.

Im April 1920 wird aus Berlin, das sich mehrere eigenständige Städte einverleibt, Groß-Berlin. Die Einwohnerzahl beträgt nun fast vier Millionen. Und nur ein Jahr später explodiert dann auch parallel dazu die Kriminalitätsrate, und die sogar, wie Heller selber schreibt, „in erschreckendem Maße". Im „Chicago Deutschlands", wie Mark Twain die Stadt bezeichnet, findet Heller nun eine traurige Fülle von Abgründen, sodass er sich noch verstärkter den Berliner Subkulturen widmet. Gleichzeitig ahnt er aber auch, dass er damit viel mehr Erfolg haben wird als mit seinen mitunter sentimentalen Gedichten.

Die 1920er-Jahre werden seine Glanzzeit. Ab 1923 nimmt die deutsche Konjunktur endlich deutlich Fahrt auf, die Zwanzigerjahre werden nun „golden". Die Spaßgesellschaft erobert das Nachtleben, doch die Welt der Reichen und Schönen ist für einen Großteil der Menschen nach wie vor unerreichbar. Heller setzt seine Arbeit, seine ganz speziellen Reportagen über Verbrecher und die Gestrandeten der Gesellschaft konsequent und nahtlos fort. Simples Mitleid spielt dabei nach wie vor eine große Rolle, aber auch der Drang, dem Leser die Welt des dunklen Berlins ungeschönt zu präsentieren. Heller will zeigen, dass hinter einer noch so unansehnlichen Fassade immer auch noch ein Mensch steckt. „Ich möchte den ‚Abschaum der Menschheit' ein wenig abschöpfen, um zu zeigen, dass der Verbrecher nicht nur Anspruch auf unsere Achtung, sondern auch auf unser Mitleid hat", gibt er freimütig im Vorwort seines Buchs „Aus Ecken und Winkeln" zu. Tabus bei seiner Themenauswahl kennt Heller nach wie vor nicht. Er treibt sich in Kaschemmen herum, besucht „Kuppelnester" und berichtet über das Scheunenviertel. Er geht mit Kommissar Gennat auf die Suche nach der Leiche Rosa Luxemburgs und schreckt selbst nicht vor dem Besuch einer „Kokainhöhle" oder des Berliner Leichenschauhauses zurück. Er lässt sich vom Gefängnisdirektor durch Moabit führen oder hört gebannt zu, was der Gefängnispfarrer zu erzählen hat. Und: Er publiziert einen Auszug aus dem Tagebuch des Serienmörders Carl Großmann, der als „Schlächter vom Schlesischen Bahnhof" in die Kriminalgeschichte eingeht und der sich während der Untersuchungshaft erhängt. Dass Heller mit der Veröffentlichung der schwer erträglichen Gedanken eines sadistischen Mörders stark polarisiert, beirrt den Schriftsteller nicht. Scharfe Reaktionen auf seine Texte kennt er längst nur zu gut. Es ist Kommissar Ludwig Werneburg (1883–1945) von der Berliner Mordkommission zu verdanken, dass Großmann ein Teilgeständnis abgelegt. Zwei lange und Kräftezehrende Wochen hat Werneburg dafür gebraucht. Auch er kennt Heller persönlich, denn der Schriftsteller hat zu der Berliner Kriminalpolizei nach wie vor sehr gute Beziehungen und geht in den 1920ern im „Roten Bullen-Palast", wie die Verbrecherwelt das Polizeipräsidium nennt, praktisch ein und aus.

Unter anderem ist Heller mit den Kriminalkommissaren Dr. Erich Anuschat, Spezialist für die Aufklärung von Wilddiebstählen und Förstermorden, und Ernst Engelbrecht, dem Leiter der Streifmannschaft, befreundet, der von der

Berliner Verbrecherwelt nur „Der Blitz“ genannt wird. Mit Engelbrecht, einem sehr ehrgeizigen Beamten aus Düsseldorf, verbindet Heller die Leidenschaft zu schreiben, die dazu führt, dass sie in den 1920er-Jahren gemeinsam mehrere Bücher über ihre Erfahrungen mit der Berliner Unterwelt herausgeben. Heller kann dafür auf das Füllhorn seiner Feuilletons zurückgreifen und nun ausgewählte Texte in Buchform zusammenfassen. Während Engelbrecht jedoch dazu neigt, seine Leser zu belehren, liegt Heller dies fern. Die gute Zusammenarbeit der Polizei mit Heller und auch mit der Presse im Allgemeinen, die von der Berliner Polizeiführung seit 1918 aus einem Vorbeugungsgedanken heraus explizit begrüßt wird, führt 1927 auch zu dem Sammelband „Mein interessantester Fall – Aus den Erlebnissen Berliner Kriminalkommissare“, für den stadtbekannte Kommissare wie unter anderem Ernst Gennat, Erich Anuschat und Ernst Engelbrecht 14 authentische Kriminalfälle aus ihrer Berufspraxis schildern.

Hellers exzessive Streifzüge durch das nächtliche Berlin sind für ihn nach und nach zur Sucht geworden. Über 100 Razzien der Berliner Polizei hat er in einem Zeitraum von mehreren Jahren begleiten dürfen, um „Futter“ für seine Feuilletons zu bekommen. Er hat sich mit Ganoven wie einem gewissen „Skorpion“ im Café zum Plausch getroffen, ist von Verbrechern angerufen worden, die sich auch mal mit ihm treffen wollten. „Wa ham jestan Ihren Artikel ieba de Taschendiebe jelesen und mechten jern ooch een Amd mit se beisamm sind“, raunt ihm dann schon mal ein finsterer Geselle verschwörerisch am Telefon zu. Für andere wäre das durchaus ein Grund, sofort laut nach der Polizei zu rufen, aber natürlich nicht für Leo Heller. Er freut sich über solche Anrufe und wird geradezu euphorisch, wenn ihm ein Ganove bescheinigt, dass er die „Physiognomie eines galizischen Taschendiebs“ habe. Mit der Zeit wird es für Heller jedoch immer schwieriger, in den einschlägigen Etablissements unerkannt zu bleiben, und so gellt manchmal auch der Ruf „Das 8-Uhr-Abendblatt ist da!“ oder „Det is doch keen Beamter!“ durch die Nacht.

Doch bei Weitem nicht alle Menschen haben Verständnis für den unkonventionellen Schriftsteller. 1929 resümiert die „Berliner Nachtausgabe“ in ihrer Rezension von Hellers Theaterstück „Vom Venusberg zum Kreuzberg“ die wohl allgemein gültigen konträren Reaktionen auf Hellers naturalistische Kunstform: „Er zeigt die Deklassierten so wie sie sind und überlässt es mit mildem Lächeln dem Zuschauer, das alles entweder ekelhaft zu finden oder zu bemitleiden.“ Aber Heller hat allen potenziell Angewiderten, die nicht verstehen können, mit welchen „abartigen“ Themen er sich befasst, längst gekontert: „Und so viele das auch nicht zu fassen vermögen, es ist so. Und ich bin zufrieden, dass es so ist!“, stellt er im Vorwort zu „Aus Ecken und Winkeln“ klar. Und Heller solidarisiert sich für seine Kunst sogar dermaßen mit den „Deklassierten“, dass er im Sommerurlaub eigentlich nur eines möchte: zurück nach Berlin!

Am Ende der 1920er-Jahre ist Heller eine feste Größe in der Berliner Zeitungslandschaft. Bereits 1926 hat die Zeitschrift „Berlin. Wochenspiegel für Leben, Wirtschaft und Verkehr der Reichshauptstadt“ eine Fotomontage mit namhaften Berliner Kulturjournalisten veröffentlicht, die ihn neben prominenten Kollegen wie Alfred Kerr, Egon Erwin Kisch, Egon Jacobsohn und Siegfried Jacobsohn zeigt. In der Redaktion des 8-Uhr-Abendblatts gilt er als „Alex-Spezialist“, als absoluter Kenner der Berliner Verbrecherwelt, die vorzugsweise rund um den Alexanderplatz auf Opfer lauert.

Die 1930er-Jahre jedoch bringen für Leo Heller wie für so viele einen Bruch in seinem Leben. Am Vormittag des 7. März 1932 stirbt Regina Heller. Sie wird auf dem Jüdischen Friedhof von Weißensee bestattet. Leo Heller verlässt nach dem Tod seiner Frau die Stadt, die seine Werke vor allem durch ihre Vielfalt über 30 Jahre lang am prägnantesten beeinflusst hat, und kehrt zunächst nach Teplitz-Schönau zurück. Noch im selben Jahr erscheint sein einziger Roman, in dem er sich wie immer treu bleibt: „Der Liebesrentner" beinhaltet zwei separate Geschichten, den „Lebensroman eines Berliner Zuhälters" und die „Enthüllungen eines Croupiers" unter dem Titel „Die Ritter vom grünen Tisch". Als Heller merkt, dass ihm das Großstadt-Leben fehlt, zieht er zum allerletzten Mal um, und zwar nach Prag, wo bereits seine vier Jahre ältere und unverheiratete Schwester Ellen lebt.

Im Oktober 1935 gibt die Deutsche Reichsschrifttumskammer die „Liste 1 des schädlichen und unerwünschten Schrifttums" heraus. Auch Hellers „Liebesrentner" gehört nun zu den verbotenen Schriften. 1938 veröffentlicht Heller in einem Wiener Verlag noch einen letzten Gedichtband namens „Erntewagen", dann legt er die Schreibfeder für immer zur Seite. Am 30. Januar 1941 stirbt er in Prag an den Folgen einer Nierenentzündung. Am 5. Februar werden seine sterblichen Überreste eingeäschert und die Urne auf dem deutschen evangelischen Friedhof im Prager Ortsteil Strasnice bestattet. Noch im selben Jahr verlassen erste Züge die Stadt in Richtung Ghetto Theresienstadt, in einem davon muss Ellen Heller dem sicheren Tod entgegenfahren.

Leo Heller hinterlässt ein aus ungezählten Artikeln und Aufsätzen und über 30 Büchern bestehendes Œuvre, darunter mehrere Werke, bei denen er als Herausgeber fungiert hat. Ebenso hat er für mindestens zwölf Stummfilme das Drehbuch verfasst, wie zum Beispiel die „Tragödie eines Entgleisten" aus dem Jahr 1920. Die Hauptrolle spielte Hans Albers als Halunke – ein Falschspieler, der auf die schiefe Bahn gerät, was natürlich nicht gut ausgehen konnte. 1927 glänzte Asta Nielsen leidvoll als alternde Prostituierte in der „Dirnentragödie", natürlich ohne jegliche Aussicht auf ein Happy End.

Nach dem Zweiten Weltkrieg geraten Hellers Bücher in Vergessenheit, 1973 wird sein Grab aufgelöst. 80 Jahre nach seinem Ableben bahnt sich eine Renaissance des konsequenten Künstlers an. Ein Beweis ist der vorliegende Sammelband mit ausgewählten Feuilletons zum Thema Berliner Razzien und Berliner Unterwelt, aber auch eine geplante Auswahl von Gedichten Hellers, die der Literaturwissenschaftler Wilfried Ihrig herausgeben wird. Auch auf der Bühne ist Heller in der jüngeren Vergangenheit mit dem Programm „Die Kinder der Nacht" zum Leben erweckt worden. Die Künstlerin Sophia Brickwell sang von Dirk Rave vertonte Heller-Texte, die er mit dem Akkordeon begleitete.

So lebt Leo Hellers Berlin weiter. Verschwundene Orte und vergessene Menschen. Gerissene und gewiefte Verbrecher. Schwere Jungs und leichte Mädchen in den Kaschemmen und Spelunken rund um den Alexanderplatz und anderer dubioser Gegenden, wie die um dem Schlesischen Bahnhof, wo Carl Großmann einst auf sein nächstes Opfer lauerte. Ganoven, für die das Ehrenwort noch viel zählt. Eine trinkfeste Gesellschaft, die „kalte Ente" (Bier aus der Flasche) in der Kaschemme konsumiert und bis zum Morgengrauen ausgelassen schwoft, wenn die pflichtbewusste Berliner Polizei den gemütlichen Abend nicht vorher gnadenlos durch eine Razzia gesprengt hat. Schicksalsgemeinschaften, die zusammenhalten müssen, weil sie sonst einsam untergehen würden. Heimatlose und Verzweifelte auf den Straßen von Berlin, die durch die endlose Nacht taumeln und sich eigentlich nur noch den Tod wünschen. Alles festgehalten auf Papier, das mit der Zeit vergilbt ist, aber nicht zerfällt. Die Nacht ist zu Ende und der Tag bricht an. Anfällige Häuser, welk werdende Bäume, zermürbte und gebrochene Menschen. Aber mit den gleichen Gefühlen und Empfindungen wie der ehrbare Staatsbürger. Das zu zeigen, war wohl Leo Hellers größtes Anliegen.

Quellenangaben

Eine Razzia mit der Berliner Kriminalpolizei, in: Neues Wiener Journal vom 22. 3. 1914, S. 6–7.

Mit der Kriminalpolizei auf der Suche nach der Leiche Rosa Luxemburgs, in: Ernst Engelbrecht, Leo Heller: Verbrecher. Bilder und Skizzen aus dem Verbrecherleben. Neu Finkenkrug bei Berlin, 1924.

Hände hoch! In: Ernst Engelbrecht, Leo Heller: Berliner Razzien. Neu Finkenkrug bei Berlin, 1924.

Aufmachen! In: Engelbrecht/Heller: Berliner Razzien, a.a.O.

Nirwana, in: Engelbrecht/Heller: Berliner Razzien, a.a.O.

Auf der Jagd nach Räubern, in: Engelbrecht/Heller: Berliner Razzien, a.a.O.

Nachtszenen, in: Engelbrecht/Heller: Berliner Razzien, a.a.O.

Die Kriminalpolizei hebt Spielclubs aus, in: Ernst Engelbrecht, Leo Heller: Kinder der Nacht. Bilder aus dem Verbrecherleben. Neu-Finkenkrug bei Berlin, 1925.

Nächtliche Friedrichstraße, in: Neues Wiener Journal vom 27. 8. 1921, S. 5–6.

Am „Alex“, in: Engelbrecht/Heller: Berliner Razzien, a.a.O.

Die Rache des Konditors, in: Engelbrecht/Heller: Berliner Razzien, a.a.O.

Kaschemmendämmerung, in: Engelbrecht/Heller: Kinder der Nacht, a.a.O.

In Moabiter Kaschemmen, in: Engelbrecht/Heller: Berliner Razzien, a.a.O.

Kaschemmenonkel auf Reisen, in: Engelbrecht/Heller: Kinder der Nacht, a.a.O.

Das katholische Viertel, in: Engelbrecht/Heller: Berliner Razzien, a.a.O.

Die „Münze“, in: Leo Heller: Aus Ecken und Winkeln. Düstere und heitere Großstadtbilder (Arena-Bücherei Nr. 8). Dresden-A., 1924.

Plünderer, in: Engelbrecht/Heller: Berliner Razzien, a.a.O.

Ein Abend im Scheunenviertel, in: Engelbrecht/Heller: Berliner Razzien, a.a.O.

Zum Oleanderbaum, in: Leo Heller: Rund um den Alex. Bilder und Skizzen aus dem Berliner Polizei- und Verbrecherleben (Detektiv-Romane, Bd. 6). Berlin, 1924.

Zwischen Ober- und Unterirdischen, in: Engelbrecht/Heller: Verbrecher, a.a.O.

Bei Hehlers, in: Engelbrecht/Heller: Berliner Razzien, a.a.O.

Die Rabenjungens, in: Engelbrecht/Heller: Berliner Razzien, a.a.O.

Im Verbrecherkino, in: Engelbrecht/Heller: Berliner Razzien, a.a.O.

Berliner Kuppelquartiere, in: Neues Wiener Journal vom 25. 7. 1921, S. 3–4.

Eine Nacht unter Berliner Kuppelmüttern, in: Engelbrecht/Heller: Verbrecher, a.a.O.

Nacktbetrieb, in: Engelbrecht/Heller: Berliner Razzien, a.a.O.

Die Frau mit den Seidenstrümpfen, in: Leo Heller: Polente, Gannoven und ich! Bilder aus dem gestrigen und heutigen Berlin (Arena-Bücherei Nr. 69). Dresden-A., 1923.

Die Brokatschuhe der Tänzerin, in: Neues Wiener Journal vom 19. 1. 1925, S. 10.

Im Polizeigefängnis, in: Engelbrecht/Heller: Berliner Razzien, a.a.O.

Beim Polizei-Photographen, in: Engelbrecht/Heller: Berliner Razzien, a.a.O.

Die Damen im Verbrecheralbum, in: Engelbrecht/Heller: Berliner Razzien, a.a.O.
Das Berliner Leichenschauhaus, in: Engelbrecht/Heller: Berliner Razzien, a.a.O.
Aus den Geheimnissen eines Irrenhauses, in: Engelbrecht/Heller: Kinder der Nacht, a.a.O.
Martha, in: Engelbrecht/Heller: Kinder der Nacht, a.a.O.
Mordkommission, in: Leo Heller: So siehste aus – Berlin! Skizzen und Bilder aus Berlin von heute. München, 1927.